Q&A
多様な性・トランスジェンダー・包括的性教育

バッシングに立ちむかう74問

浅井春夫
遠藤まめた
染矢明日香
田代美江子
松岡宗嗣
水野哲夫
編著

大月書店

はじめに――分断をのりこえて

本書の目的と構成

2000年代初頭から「ジェンダーフリー・性教育バッシング」が激化していたということをご存じでしょうか。すでに20年近く前のことですから、ご存じない方も多くいると思います。しかし、このバッシングこそが、国際的に見て20年以上遅れているという性教育、ジェンダーギャップ指数(1)が146か国中125位という惨憺《さんたん》たる今の日本の状況をもたらしたものです。

しかも、今また、性の多様性と包括的性教育に対する攻撃の動きが見られます。SNS上では、とくにトランスジェンダー女性をスケープゴートとする性的マイノリティに対するバッシングがなされ、そして、ジェンダー平等と多様性を前提とする包括的性教育が、有害な「LGBT教育」「性の多様性教育」だと攻撃されているのです(2)。

もちろん、20年前と今では社会状況は異なります。しかし、基本的人権を基盤とする「性の権利(3)」への侵害がくりかえされている深刻な状況を見過ごすことはできません。実際、トランスジェンダー女性に対するヘイトスピーチは、トランスジェンダーのみならず、さまざまな性のあり方で生きる人々を傷つけ、その生を脅《おびや》かしています。これはまさに、多様な性で生きる人々の基本的人権を侵害する行為です。

20年前、バッシングに抗するために出版されたのが『ジェンダーフリー・性教育バッシング　ここが知りたい50のQ&A(4)』(大月書店、2003年)でした。本書はそれに続き、くりかえされるバッシングの意図を理解し、そこで起こっている差別に抗するための確かな知識をさらに補強するため、緊急出版されました。

本書では、近年のトランスジェンダーバッシングの問題を理解するために、第1章でLGBTQ、とくにトランスジェンダーに関する基礎知識を、第2章でトランスジェンダーをめぐるバッシングについて丁寧に取り上げています。第3章では、包括的性教育の必要性とその学習課題の前提となる日本の子ども・若者たちの性の現状をおさえ、第4章で、包括的性教育とは何かについての知識を深めることができるようにしました。そして第5章で、ジェンダー・セクシュアリティ、性教育をめぐる世界の潮流と日本の動き、そこから見えてくる日本の課題を深めています。

攻撃はくりかえされていますが、ジェンダー・セクシュアリティ平等、包括的性教育の実現に向けて精力的に活動・活躍してきた若手の編者を迎えて本書が作られたことは大きな希望です。

バッシングの背景と特徴

2000年代初頭に激化したバッシングと現在のバッシングには、共通の特徴があります。それは、性教育やジェンダー平等が大きく進展した時期にバッシングが重なること、そしてその攻撃主体が現政権与党の右派と一部の宗教団体、右派研究者などの連合勢力だということです。

性教育に関する動向をみると、1990年代前半から、小学校の保健科と理科の内容に性に関する内容が盛りこまれ、また「エイズパニック」を背景に「エイズ教育」が広がりました。こうした動きのなかで、2001年に厚生労働省によって作成されたのが中学生向け教材『思春期のためのラブ&ボディBOOK[5]』でした。ところが、この教材は2002年の衆議院文部科学委員会で問題にされ、衆議院予算委員会（2005年）において絶版・回収廃棄処分となります。続けて、都立七生養護学校の「こころとからだの学習」への攻撃が東京都議会（2003年）で、吹田市教育委員会作成の性教育副教材への攻撃が参議院予算委員会（2005年）でなされます。以後、教育現場は萎縮《いしゅく》し、学校での性教育は大幅な後退を余儀なくされました。

七生養護学校への都教委・都議らによる暴力的介入は裁判闘争（こころとからだの学習裁判）となり、2013年11月28日に最高裁で3度目の原告勝利判決が確定しました。この勝訴は、学校現場の萎縮ムードの完全な払拭《ふっしょく》には至りませんでしたが、子どもたちのために性教育を実践したいと思う先生方を励ますものになりました。

そうしたなかで、また少しずつ進みはじめた性教育でしたが、2018年、ふたたび東京都議会で、足立区の公立中学校の「性の学習」が、七生養護学校の実践を攻撃したのと同じ議員によって問題にされました。この攻撃は、結果的には、性教育の必要性を訴える世論の高まりにつながりましたが、一方で、性教育をやると面倒なことになるといった、学校管理職の消極姿勢が強化されたことは否定できません。

ジェンダー平等についても同様です。1999年に男女共同参画社会基本法が施行され、各都道府県・市町村で次々と男女共同参画条例が制定された時期に、その反動でジェンダーフリーバッシングが起こりました。その結果、「ジェンダー」という用語の使用が、学校教育、社会教育、そしてメディアにおいても抑制されました。

その状況に変化をもたらしたのが、２０２０年東京オリンピック招致でした。東京オリパラ組織委員会の森喜朗会長の性差別発言（女性がたくさんいる会議は長い）が問題にされ、辞職に追い込まれましたが、これは国際的な批判にさらされた結果でした。また、東京都がパートナーシップ宣誓制度を実現したのもオリンピック招致の流れででした[6]。都が同性パートナーシップ制度を導入した影響は大きく、これ以降、全国にこの制度を導入する自治体が確実に増加します。そして２０２３年、「性的指向及びジェンダーアイデンティティの多様性に関する国民の理解の増進に関する法律」、いわゆる「ＬＧＢＴ理解増進法」の制定へとつながっていきます。

バッシングのねらい

このような日本のジェンダー平等や性教育が大きく前進しようとする動きへの反動として、政治的権力がそこに介入し、それを阻止しようとしてきました。

ここで重要なことは、ジェンダーフリー・性の多様性に対する攻撃と、性教育・包括的性教育へのそれは、同じ意図をもっておこなわれているということです。２０００年代のバッシングまでは、ジェンダー平等と性教育が密接に関連しているということの認識は十分とはいえませんでした。性教育のイメージは、月経や射精、思春期のからだの変化、避妊や性感染症といった保健科の内容に縛られ、ジェンダー平等といった人間関係の学習を性教育の要素とする認識は希薄だったのです。しかし、バッシングの「おかげ」もあり、性教育とジェンダー平等の関係が意識されるようになります。近年の性の多様性・トランスジェンダーに対するバッシングも、包括的性教育が「有害な性の多様性教育」だと批判されていることも、「性の権利」を真っ向から否定するものです。

ではなぜ、右派勢力はジェンダー平等、性の多様性、性教育をそれほどまでに恐れ、その進展を阻《はば》むのでしょうか。そのねらいを理解するヒントは、たとえば、２０００年代のバッシングを主導した保守系論者による「日本を亡ぼす」「文化破壊」「民族を亡ぼす」といった表現にあります。(7) 近年の攻撃でも、「ＬＧＢＴ運動の本質は性革命」であり、「家族、社会そして国を守る」ためには「ＬＧＢＴ政策を正さなければならない」等と主張しています。(8)

自民党の総合政策集の中には「国旗・国歌を尊重し、わが国の将来を担う主権者を育成する教育を推進します。不適切な性教育やジェンダーフリー教育、自虐史観偏向教育などは行わせません」という方針が掲げられています。(9)「国旗・国歌の尊重」と並んで「不適切な性教育やジェンダーフリー教育」を「行わせない」としていることからも、ジェンダー平等、性の権利としての性の多様性、人権を基盤とする性教育が、固定的で差別的な性規範や性別役割分業に基づく家族形態を揺るがし、結果、かれらの理想とする「国家」を亡ぼすものとして、何としても阻止しようとしていることがわかります。

たしかに、包括的性教育は、右派勢力が求める日本社会、国家を揺るがすものとなるでしょう。本書の第４章でも詳しく取り上げますが、包括的性教育がめざすことは、一人ひとりがみずからの基本的人権を基盤とする性の権利を理解し、それを求め、行使する主体となり、自分の人生を納得して、仲間とともに幸せに生きることを模索しつづけることのできる力を獲得することです。その模索は、まさに差別を許さない、公正な共生社会をつくることにつながります。

教育の本質的な目的は、自分の生きる社会の課題を認識し、その課題解決に取り組み、よりよい社会をつくることのできる主体の形成にあります。今ある社会規範、性規範、家族規範、国家観を絶対的な是とし、その社会に同化させ、批判を許さない「教育」は、教化であって教育とは呼べません。ジェンダー平等・性の多様性へのバッシングは「性の権利」を否定するものであり、包括的性教育への攻撃は、権利としての教育を破壊する行為なのです。

バッシングによって起こる「分断」

バッシングのねらいを正確にとらえることができなければ、そこに分断が起こります。たとえば、2000年代の七生養護学校事件では、そこで実践されていた障がいのある子どもの発達要求に向き合い、子どもたちの人権を大切にした「こころとからだの学習」の意義は、社会の中でなかなか共有されませんでした。性器の名称（ペニス、ワギナ）や機能、受精のしくみとして性交を教えることが「過激」と喧伝され、一般市民だけでなく教育学研究者の一部にも「やりすぎ」といった受け止めがありました。ジェンダーフリーに対するバッシングも、トイレ・風呂・更衣室を男女一緒にする、「中性人間」をつくるといった「脅し」に戸惑う人は少なくありませんでした。

近年の「LGBT理解増進法」への賛否を含む「性の多様性」をめぐる論争は混迷し、ここにも分断が生まれています。性の多様性やトランスジェンダーへのバッシングは、差別を解消するという本質的な問題を巧妙にずらし、マイノリティvsマジョリティ、シスジェンダー女性vsトランスジェンダー女性といった対立をつくりだし、私たちを分断します。差別をのりこえるための議論をしなければならないのに、「トランスジェンダーの人の権利をどこまで認めるか」という問題にすり替えられるのです。

そこには、多様性を排除する自分たち（マジョリティ側）のジェンダー規範やセクシュアリティ観を問う余地はなく、自分たち（マジョリティ）の安全が脅かされるという「わかりやすい」ストーリーに、多くの人々が絡《から》め取られています。女性の安全や権利を守ろうとする人、ジェンダー平等の実現が重要だと考えている人たちも、この分断に巻き込まれています。

「分断」をのりこえる道——包括的性教育の実現へ

このような分断は、これまで人権侵害されてきた人々の権利を大切にすることが、あたかもだれか（マジョリティ）の権利を奪うといったイメージ操作によって起こります。人権・権利の保障、実現は、常に、人権・権利侵害への気づきから出発し、発展してきました。それは人権・権利の射程を広げる営みであり、利益を取りあうこととは真逆の行為です。

新自由主義的な社会の中で厳しい競争にさらされている私たちは、お互いの人権・権利が競合するという感覚から自由になることは困難かもしれません。しかし、ここが重要なポイントであり、はまってはならない落し穴です。トランスジェンダー女性への差別を解消することは、シスジェンダー女性への暴力や差別を解消することと矛盾しません。むしろ、「異なる経験をもつ女性」への差別の構造をあぶりだし、より広範で根本的な差別解消の道筋を示すものになるはずです。

重要なことは、「トランスジェンダーの権利をどこまで認めるのか」という議論ではなく、今の社会規範、ジェンダー規範からはみ出して見える人々を排除する社会を、私たちが支えてきたという事実を受けとめ、多様な存在を排除しない社会をどうしたらつくっていけるのかという議論なのです。先に制定された「ＬＧＢＴ理解増進法」が「多様な性のあり方に対する差別禁止法」にならなかったことの根本的な問題はここにあります。「理解してあげよう」という姿勢は、トランスジェンダーの人々を他者化するものであり、マジョリティとマイノリティの境界線、差別と排除の解消には向かいません。

こうした認識に立てば、本書の「ＬＧＢＴＱとは？　トランスジェンダーとは？」という設定も、問われる必要があるかもしれません。しかし、トランスジェンダーを含めた性的マイノリティの人々がどのように差別されているのか、なぜ生きにくいのかといった事実を知ることが、シスジェンダー・ヘテロセクシュアル(10)だけを前提とする社会をどう変えていけばいいのかという議論の出発点です。本書がそういった議論のきっかけとなり、ジェンダー平等や性の多様性、性教育への攻撃を許さない社会、そのために、包括的性教育がすべての人に保障される社会の実現に寄与することを期待します。

編者を代表して　田代美江子

（1）世界経済フォーラム（ＷＥＦ）が、世界各国の男女格差の状況を四つの指標（経済、政治、教育、健康）に基づきランキング形式で毎年発表している。

（2）世界日報ＬＧＢＴ問題取材チーム『「ＬＧＢＴ」隠された真実――「人権」を装う性革命』（世界日報社、２０２２年）、『月刊正論』２０２３年９月号。

（3）１９９９年に出された「性の権利宣言」参照。２０１４年３月に改訂版が性の健康世界学会（ＷＡＳ）諮問委員会により承認されている。日本語訳は以下。http://www.worldsexology.org/wp-content/uploads/2014/10/DSR-Japanese.pdf（２０２３年8月31日アクセス）

（4）浅井春夫ほか編著『ジェンダーフリー・性教育バッシング　ここが知りたい50のＱ＆Ａ』大月書店、２００３年。

（5）この教材は、厚労省の検討委員会の提言をもとに、外郭団体である財団法人母子衛生研究会が作成した。

（6）オリンピック憲章の「オリンピズムの根本原理」のひとつとして、「このオリンピック憲章の定める権利および自由は人種、肌の色、性別、性的指向、言語、宗教、政治的またはその他の意見、国あるいは社会的な出身、財産、出自やその他の身分などの理由による、いかなる種類の差別も受けることなく、確実に享受されなければならない」ことが挙げられている。

（7）西尾幹二・八木秀次『新・国民の油断――「ジェンダーフリー」「過激な性教育」が日本を亡ぼす』（ＰＨＰ研究所、２００５年）、桜井裕子『性教育の暴走――セックス奨励教育の実像』（扶桑社、２００７年）など。

（8）前掲『「ＬＧＢＴ」隠された真実』4～5ページ。

（9）自由民主党／政務調査会『総合政策集２０２２　J-ファイル』２０２２年。https://storage.jimin.jp/pdf/pamphlet/20220616_j-file_pamphlet.pdf（２０２３年10月31日アクセス）

（10）シスジェンダーは出生時に割り当てられた性別と性自認が一致している人をさす。ヘテロセクシュアルは異性愛者（性的指向が異性に向かう人）をさす。

Q&A多様な性・トランスジェンダー・包括的性教育　目次

2章 トランスジェンダーをめぐるバッシングのウソ・ホント……043

3章 日本の子ども・若者の性はどんな現状にあるの？

4章 包括的性教育って、どんな性教育なの？

5章 世界の流れと日本の動き、これからの課題

1章

LGBTQとは？
トランスジェンダーとは？

第1章ではまず、性の多様性について前提となる基本的な知識をおさえておきましょう。なお、性的少数者の中でもトランスジェンダーへのバッシングが近年強まっていることから、トランスジェンダーの話に比重を多く割いています。

1・2章で文末に筆者名のない項目はウェブサイト「はじめてのトランスジェンダー」(trans101.jp)の「トランスジェンダーに対するよくある質問(FAQ)」に加筆修正したものです。文責は担当編者(遠藤・松岡)にあります。

Q01 LGBTQとは何ですか?

LGBTQとは、レズビアン(L)、ゲイ(G)、バイセクシュアル(B)、トランスジェンダー(T)、クィアまたはクエスチョニング(Q)の頭文字を並べた言葉で、性的少数者の総称のひとつとして広く使用されています。

レズビアン、ゲイはそれぞれ女性、男性の同性愛者、バイセクシュアルは両性愛者のことで、これらは「どの性別の相手に恋愛感情や性的関心を抱くか」という**性的指向**に関する言葉です。

一方、トランスジェンダーとは、出生時に割り当てられた性別とは異なる**性自認**(ジェンダーアイデンティティ=自己の属する性別についての認識に関する同一性の有無または程度)を持つ人を指します。性自認は個人の重要なアイデンティティであり、単なる自称とは異なります。性自認は「性同一性」と訳されることもあります。トランスジェンダーの対義語としては**シスジェンダー**という言葉があります。これは、出生時に割り当てられた性別と性自認が一致する、いわゆる多数派の人のことです。

クエスチョニングとは、自分の性的指向や性自認がわからない、決めたくない、あるいは積極的に決めないあり方を指します。クィアとは、英語圏でもともと性的少数者を大雑把にひっくるめて侮蔑的に呼ぶために使われていた言葉ですが、現在では性的少数者が自分たちを誇りを持って名乗る際に使われています。(1)

（遠藤まめた／一般社団法人にじーず）

(1) クィアという言葉の成り立ちやニュアンスについては、森山至貴・能町みね子『慣れろ、おちょくれ、踏み外せ——性と身体をめぐるクィアな対話』（朝日出版社）がわかりやすく解説しているのでお勧めします。

Q02 トランスジェンダーと同性愛はどう違いますか。

同性愛は、性的指向（恋愛や性的関心を持つ相手の性別）が同性に向かうことを指します。性自認と性的指向は、独立した別の概念です（二つを合わせてSOGIと呼ぶこともあります）。自分の性別が何であるかということは、どのような性別の相手と恋愛や性的関係を結ぶかによって左右されたり定義されたりするものではありません。なお、トランスジェンダーの性的指向はさまざまです。トランス女性で、男性を恋愛対象とする方もいれば、女性を恋愛対象とする方もいます。トランス男性の場合も同様です。

Q03 トランスジェンダーはどれくらいの割合で存在しますか？

諸説あります。米国のUCLA（カリフォルニア大学ロサンゼルス校）による2016年の調査では人口の0・6％という推定値がありました。国内では、国立社会保障・人口問題研究所が2023年に実施した調査で、トランスジェンダーの回答者は約0・6％でした。また同研究所が2019年に実施した「大阪市民の働き方と暮らしの多様性と共生にかんするアンケート」では全体の約0・7％、埼玉県が2020年に実施した「LGBTQ実態調査」では約0・5％となっています。

Q04 LGBTQをめぐってどんな差別やいじめ、ハラスメントがありますか。

認定NPO法人ReBitによる2022年の調査では、10代のLGBTQの35・4％が「生徒がLG

ＢＴＱについてネタや笑いものにしていた」ことを過去1年で見聞きしたと回答しています。「先生がＬＧＢＴＱに関してネタや笑いものにしていた」は12・８％にのぼりました。男らしくない／女らしくないといった外見や仕草に関するからかい、嘲笑、服を脱がされるなどのいじめ、同意なくＬＧＢＴＱであることを他者に暴露される（**アウティング**）など、さまざまな暴力が起きています。

職場でのハラスメントも、しばしばニュースに取り上げられています。２０２２年には、男性として生まれ、女性として社会生活を送っているトランスジェンダーの会社員が、職場の上司から性別に関する発言をくりかえされてうつ病を発症し、休職に追い込まれたとして労災と認定されました。この事例では、上司から「戸籍上は男性なのか女性なのか」「女性として見られたいのであれば細やかな心遣いが必要だ」などの発言をされ、名前を「君づけ」にしたり「彼」と称したりする行為がくりかえされていました。

２０１８年には、トランスジェンダーの会社員が元上司に、性交渉の回数などを聞かれたほか、陰部に顔を押し当てられたり、「なんで女装してんねん。アホかい。おまえ男やろがい」といった言葉をかけられたりするなどのハラスメントを受け、提訴をおこないました。この会社員は社内相談窓口にも相談したものの解決につながらず、ＰＴＳＤを発症するなど苦しんでいました。提訴を受け、会社はハラスメントがあった事実を認めて、被害者に謝罪しました。

Q05 ＬＧＢＴＱの人は学校や職場で何に困っていますか。

日本の学校では、長らく性の多様性を前提としたコミュニケーションや制度設計が足りておらず、ＬＧＢＴＱの人々が存在していることに言及されることは稀《まれ》でした。たとえば、２０２４年春から小学校の保健体育の教科書で、性の多様性について言及されるようになるとの前向きな報道がありましたが、日本では長らく「思春期になると異性への関心が高まる」との記述が小学校から高等学校の教科書に広く掲載され、不十分かつ誤解を与える表現となっていました。

男女で異なる標準服（制服）も、トランスジェンダーの子どもの不登校の主要な要因となっており、現在も制服や髪型の決まりに苦しむ生徒が少なくありません。男女で分かれたトイレしかない学校も多いですし、ひとりで着替えたり入浴したり、健康診断を受けたりといった個別対応を望みながらも、教員に相談できずにいる子どもが多いことも、支援団体にいると実感します。

就職においても課題があります。ReBitが２０１８年に調査した「調査報告：ＬＧＢＴや性的マイノリティの就職活動における経験と就労支援の現状」では、95名のトランスジェンダーの回答者のうち、87・４％が性的指向・性自認、もしくは性別違和に由来した困難等を経験していたことがわかりました。性別欄・服装・髪型・化粧等といった男女で区分されていることがらや、カミングアウトにまつわる困難（トランスジェンダーであることを秘匿しての就活、カミングアウトの有無や範囲、自分らしい髪型や服装・仕草などによって必然的に相手にトランスジェンダーであることが伝わってしまうなど）、人事・面接官の無理解による困難などが挙げられています。

認定ＮＰＯ法人虹色ダイバーシティと国際基督教大学ジェンダー研究センターとの共同調査としておこなわれた「ＬＧＢＴと職場環境に関するアンケート調査 niji VOICE 2020」によれば、５６０名のトランスジェンダーが回答した就業状況についての質問で、17・３％が就業しておらず（コロナ前である２０１９年のデータでは15・３％）、42・53％が非正規雇用で、シスジェンダーの男女と比べて高率であることが指摘されています。

（遠藤まめた）

Q06 性的指向や性自認は治せるのですか？

性的指向や性自認は、本人の意思で選んだり、他者が変えさせたりすることが難しいものです。同性愛は、以前は精神疾患ととらえられ、電気ショックやカウンセリング、ホルモン治療などによって矯正が試みられた時代がありました。これらの試みは「矯正療法」（コンバージョン・セラピー）と呼ばれましたが、実際に本人の性のあり方が変容するわけではなく、また精神的苦痛、抑うつ、物質乱用、自殺未遂など、深刻なメンタルヘルス上の危機をもたらすことから、有効性および安全性に疑問のある行為とみなされています[2]。カナダやフランスなどでは、矯正療法は非人道的であるとして法的に禁止されています。

世界保健機関（ＷＨＯ）は１９９０年に、国際疾病分類から同性愛の項目を削除し、「同性愛はいかなる意味でも治療の対象とはならない」ことを決定しました。性別違和については、以前は「性同一性障害」、現在は「性別不合」という名称で国際疾病分類に含まれていますが、これは性別違和を持つ人たちの中にはホルモン療法や手術などの医療行為を必要とするような臨床的な苦痛を感じる人がいるためであり、性自認の持ち方そのものが病理とみなされているわけではありません。また、医療機関でおこなわれるカウンセリングは、性自認を変容させることを目的としたものではありません。

（2） Anna Forsythe *et al.* "Humanistic and Economic Burden of Conversion Therapy among LGBTQ Youths in the United States," *JAMA Pediatrics* 176 (5), 2022.

Q07 日本は昔からＬＧＢＴＱについて寛容だったから、差別はないのではないですか。

キリスト教やイスラム教などの、同性間の親密な関係に対して否定的な宗教的背景がある国々と比較すると、たしかに日本の伝統文化や歴史的背景は、性の多様性に対しておおらかに受けとめているると解釈できる部分もあります。また漫画などの現代の文化芸術作品の中にも、性の多様性について好意的に描いているものは多くあります。しかし、そのことと現実に差別に苦しむ当事者がいることは、矛盾せずに両立します。

日本の神道には性的少数者を排除する教義はないとみなされていますが、２０２２年には神社界を母体にもつ政治団体である神道政治連盟が、同性愛について「依存症である」といった差別的な冊子を国会議員の勉強会で配布し、大きな批判を浴びました。日本の伝統文化の良い面は認めつつも、個別の差別をなくす努力をしていく必要があります。

Q08 学校でのＬＧＢＴＱ教育はどんな内容ですか。過激な内容ですか。

私たちの性自認（ジェンダーアイデンティティ／性同一性）、身体の性的特徴、性別表現、性的指向のありようはとても多様で、その組み合わせにおいて、シスジェンダーで異性愛の男女のほかにも、レズビアンやゲイ、バイセクシュアルやトランスジェンダー、クエスチョニングなど、さまざまな人がいるのが現実です。ある人の性別表現が社会的な「女らしさ」「男らしさ」に当てはまっても、当てはまらなくても問題ではなく、他者に強要するものでも、されるものでもありません。家族の形も多様なのが現実です。

このような性のありようが多数派であるか少数派であるかにかかわらず、私たちみんなが性の多様性の中に位置づけられます。性のあり方は一人ひとり異なると言ってもいいかもしれません。そして、どの性のありようも対等・平等です。ですから、少数派の人たちの人権が侵害されてはならず、差別も許されません。こんなにも多様な私たちが、安心して暮らせる学校や社会、つまり私たちみんなの多様性が尊重され人権が保障された学校や社会を、どのようにつくっていったらいいでしょうか。

こういったことを発達段階に合わせて考えるための教育が、一般的にいわれる「LGBTQ教育」です。たまに「LGBTQとは○○のような人たちです。思いやりをもって接してあげましょう」というような授業を見聞きすることがありますが、これではLGBTQの人たちが「特殊な人たち」のように思われかねません。むしろ、多数派である「シスジェンダーで異性愛」の男女を「普通」という枠に入れ続けるのではなく、他の性のありようの人と対等に「多様性」の中に位置づけ、私たちみんなの性の多様性について学習することが重要です。これは、もはや「LGBTQ教育」ではなく「性の多様性教育」と言ってもいいかもしれません。

私たちの多くは、幼少期から自他の性別を気にしはじめます。そのなかで、トランスジェンダーの人の多くは、小学校入学前から周囲からの性別期待に違和感を持ったり、自分の身体に疑問を持ったりする性別違和を感じてきました。また、異性が好きであれ、同性が好きであれ、あるいはだれも好きにならないのであれ、多くの人は小学校高学年から中学生の思春期に、自分の恋愛感情や性的欲求の方向性を自覚していきます。

さらに、私たちの多くが赤ちゃんのころから接している家族のかたちは、人それぞれで多様です。このような子どもたちの実態から出発すると、幼少期から家族の多様性や、「女らしさ」「男らしさ」にとらわれなくていいこと、人を好きになることなど、私たちの性の多様性の学習の積み重ねが必要であることがわかるでしょう。それが「発達の段階を踏まえる」ということです。近年、性の多様性をテーマにした絵本などがたくさん出版されています。それをみんなで一緒に読むということからはじめるのもいいかもしれません。

２０２０年度から順次、現在の学習指導要領にそった教科書が小中高校で使われていますが、いずれの校種の教科書にも、すでに性の多様性に関する記述があります。現行の小中学校の学習指導要領の記述にそって、本文では「思春期になると異性への関心が高まります」というような異性愛に偏った文もありますが、「発展」といったコラムや脚注、章末資料等に、性の多様性に関する記述があったりします。２０２４年度以降、小学校から順次新しい教科書に替わりますが、性の多様性を前提とした記述はもっと増えるようです。

こういった「性の多様性教育」は、ある特定の性のあり方に子どもたちを「誘導」するものではないことは明らかでしょう。むしろ、すべての子どもたちが、自分の性のありようを安心してじっくりと考えられるための教育です。

（渡辺大輔／埼玉大学准教授）

Q09 同性婚を認めると、少子化や伝統的家族観の崩壊につながりませんか。

現在、日本では、法律上（戸籍上）の性別が同性である人どうし（同性カップル）は結婚することができません。これは、法律（民法）が結婚に関する条文で「夫婦」「夫」「妻」などの用語を使用していることから、結婚は法律上（戸籍上）の性別が異性どうしであるカップル（異性カップル）のみに認められていると解釈されているためです。

結婚には、法定相続権、共同親権、税金における配偶者控除、社会保障制度における被扶養者としての保護、配偶者ビザ（在留資格）など多数の法的な効果がともないますが、結婚ができない同性カップルは、そのような法的効果をいっさい受けることができません。

また、国が同性間の結婚を認めないことは、「同性カップルは異性カップルと同等の法的保護を与える必要のない存在だ」という負のメッセージを国が発信し続けているのと同じです。これによって、社会に残存する性的マイノリティに対する差別・偏見が助長され、「自分は社会に認められていない存在だ」と感じて、自殺を考えるほどに生き悩む性的マイノリティも少なくありません。同性間の結婚が認められるかどうかは「個人の尊厳」の問題であり、人権問題なのです。

同性間の結婚を認めること（同性婚の法制化）については、約7割の人が賛成しているという調査結果がある（朝日新聞による2023年2月実施の調査など）一方で、「少子化や伝統的家族観の崩壊につながるのではないか」との声を聞くこともあります。しかしそれは、誤解に基づくか、実態を十分に把握していないことによるものです。

まず、少子化について、同性間の結婚が認められたからといって、異性カップルが結婚できなくなったり、子どもを産むことが禁止されることにはなりませんので、子どもを持つことを望む異性カップルは、これまでどおり結婚したり、子どもを産んだりすることができます。よって、同性間の結婚を認めることが少子化を促進させるという関係にはありません。

また、伝統的家族観の崩壊という点について、「伝統的家族観」が「家族は父・母とその間に生まれた子という組み合わせであるべき」という考え方を指しているとすれば、それは実態とかけ離れていると言わざるをえません。なぜなら、社会にはすでに、シングル、未婚や離婚によるひとり親家庭、再婚によるステップファミリー、事実婚の家族など、多様な生き方・家族が存在するからです。さらに言えば、同性カップルも、実態としては、結婚した異性カップルと同じように親密な共同生活を営み、ときには子ども（前に結婚していた異性とのあいだでもうけた子、精子提供を受けて生殖補助医療によってもうけた子、里親として受け入れた子など）を一緒に育てています。

すでに存在する家族を「伝統的家族」ではないという理由で排除するのではなく、むしろ実在する家族のかたちにあわせて必要な法律を整備していくこと（同性カップルについては結婚という選択肢を認めること）が、その家族を幸せにし、日本全体を豊かな社会にしていくのではないでしょうか。

なお、世界では30以上の国と地域（アメリカなどの欧米諸国のほか、日本と同じアジア地域の台湾も含まれています）が同性間の結婚を認めていますが、それらの国で「伝統的家族観が崩壊した」という客観的な統計データは見当たりません。

結婚が絶対的な価値観でないことはもちろんですが、結婚するかどうかの選択肢があるということ（婚姻の自由）は、憲法上の基本的な人権です。人は、性のあり方にかかわらず平等に扱われるべきであり、同性カップルにも異性カップルと同じ選択肢を認めることが求められています。

（寺原真希子／弁護士）

Q10 戸籍を変更しているトランスジェンダーの人はどれくらいいますか。

２００４年に施行された性同一性障害特例法に基づいて戸籍上の性別を変更した人は、２０２０年末までの16年間で計１万３０１人におよびます（日本性同一性障害・性別違和と共に生きる人の会調べ）。なお日本精神神経学会の研究グループによれば、15年末までに性同一性障害の診断を受けた人は延べ２万２４３５人にのぼるため、性同一性障害の診断をもつトランスジェンダーの半数以上が、戸籍上の性別変更に至っていない現状があります。性別変更の法的な要件を定めた性同一性障害特例法で、①未成年の子どもがいないこと、②生殖能力を失うこと、③性器の外観が移行した性別に似ていることなど厳しい要件が規定されており、この要件を満たせない当事者が多くいることが背景として考えられます。２０２３年10月25日、最高裁は②の生殖不能要件を違憲と判断しました。

Q11 性同一性障害は病気ではないのですか。トランスジェンダーとはどう違うのですか？

「性同一性障害」は疾患名なのに対し、「トランスジェンダー」は医療の枠組みによらず、当事者がみずからを指すための用語です。日本では、ホルモン療法や手術療法などの性別移行にかかわる医療行為を受ける際には、２名の精神科医により性同一性障害の診断を得ることが、日本精神神経学会のガイドライン上求められています。ガイドライン外で治療を受けたり、そもそも性別移行にかかわる医療行為をしていなかったりする場合には、トランスジェンダーでありつつ、性同一性障害の診断を有さないことがあります。

たとえば、性別違和を持つ子どもが学校で通称名を使ったり、希望の性別で過ごせるよう合理的配慮を求めたりする際には、医療行為をともなうわけではないので、かならずしも診断書が必要ではありません。文部科学省は２０１６年に「性同一性障害や性的指向・性自認に係る、児童生徒に対するきめ細かな対応等の実施について（教職員向け）」と題した通知を発行し、学校での合理的配慮の事例について取り上げました。ここでも、医療機関を受診して性同一性障害の診断がなされない場合であっても支援は可能であることが書かれています。

Q12 性同一性障害は病気ではなくなるのですか。

２０１８年に改訂された国際疾病分類の第11回改訂版（ＩＣＤ-11）では、性同一性障害は精神疾患ではなく「性の健康に関する状態」（仮訳）に分類され、名称が「性別不合」（仮訳）に改められました。

出生時に割り当てられた性と異なる性自認を持つことそのものが病理であるとみなされているのではありませんが、医学的な介入（たとえば男性化・女性化を促すホルモン療法や、性別適合手術など）を必要とするトランスジェンダーの人たちに医療を提供できるように、国際疾病分類には記載されている状態となっています。

Q13 トランスジェンダーの人たちは脱病理化を求めているのですか？

1990年に国際疾病分類の第10回改訂版（ICD-10）が改訂されるまで、同性愛は精神疾患とみなされていました。性的指向の多様性が病理とはみなされなくなったように、性自認のあり方も病理とみなすべきではないとの議論があります。同性愛の扱いが病理から人権課題へと変わっていった歴史になぞらえて、「病理モデルから人権モデルへ」という用語が使われることもあります。**脱病理化**とはこうした変化のことです。脱病理化のねらいは、疾患とみなされることによるスティグマ（偏見）の解消が目的であり、たんに医療の対象としないこと（＝**脱医療化**）とは異なります。性別移行のためのホルモン療法や手術療法は、今後も当事者にとって必要です。スティグマの解消とあわせて、必要としている人が性別移行にかかわる医療を受けられるよう、医療資源の確保を並行しておこなうことが、当事者の命と健康のために重要です。

Q14　何歳くらいからトランスジェンダーと気づきますか。

個人差があります。岡山大学ジェンダークリニックを受診した人では全体の56％が、小学校入学以前から性別違和を訴えていました。(3) 物心ついたころから違和感があると主張する当事者もおり、幼くして違和感を持つことは決してめずらしくないといえます。胎児期の脳の性分化と関係があると考える研究者もいますが、現段階では明確な根拠として断定できる段階にありません。

なお、思春期以降に性別違和を自覚する場合もあります。性別違和を抱いていても、実際にそのことを言語化し、性別移行して生活することを希望するまでには長い時間がかかることもあります。

(3) 中塚幹也「学校の中の『性別違和感』を持つ子ども——性同一性障害の生徒に向き合う」科研費助成事業23651263（挑戦的萌芽研究）「学校における性同一性障害の子どもへの支援法の確立に向けて」成果物、2013年。

Q15　トランスジェンダーにはどのような人が含まれますか。国連の定義では異性装をする人も含まれるのですか？

トランスジェンダーの中には、出生時に男性と割り当てられ女性の性自認を持つ人＝**トランス女性**、出生時に女性と割り当てられ男性の性自認を持つ人＝**トランス男性**、男女いずれか一方に当てはまらない性自認を持つ人＝**Xジェンダー**（あるいは**ノンバイナリー**）の人などが含まれます。

国連が2013年からおこなっている「Free & Equal」キャンペーンでは、トランスジェンダーの説明として「ジェンダー規範から外れる外見や特徴を持つ人たちをあらわすアンブレラターム」と説明され、その中には「異性装をする人」が含まれています。インドや北米の先住民、ポリネシア諸島などの文化圏では、男女どちらでもない／どちらでもあるとみなされる性別の人が社会的に認知され、シャーマンなど特別な力を持つ存在とみなされたり、敬意を持って扱われてきた歴史があります。国連の定義は、これらの文化的多様性を包摂することを意図した定義となっています。

この国連の定義を曲解して「国連ではトランス女性について、性自認が男性であり異性装をしている人も含めているのだ」とか「性自認が男性であり異性装をしている人も、女子トイレや女湯に入れるべきとトランスジェンダーの運動は主張しているのだ」との言説で、不安を煽ろうとする人たちがいますが、国連がそのように主張しているわけではありません。トランス女性とは、性自認が女性であるトランスジェンダーを指す言葉であり、国連もそのように定義しています。

Q16 興奮するために女装をする男性もトランス女性には含まれますか？

含みません。男性の性自認を持つ人が、もっぱら性的興奮を得るために特定の衣服を身につけるのは性嗜好《しこう》（何に対して性的な欲望を持つのか）にかかわることがらで、トランスジェンダーとは異なります。性嗜好と性自認は別のことがらであるにもかかわらず、トランス女性が自分の性自認にそった服装をすることについて「性的興奮を得るために違いない」「同性だから安心だと女性を騙すつもりだ」などの偏見を持たれることがあり、当事者の苦悩につながっています。

Q17 トランスジェンダーの人はどのように性別を変えるのですか。

身体的な性別移行には、男性化や女性化をもたらすホルモン療法、手術療法などがあります。そのほかに、名前や服装、髪型、周囲からの扱われ方を変えるなどの**社会的な性別移行**があります。社会的な性別移行ができれば、身体的治療をしなくてもよいと考える当事者もいれば、身体的治療が重要であると考える当事者もいて、個人差があります。

Q18 生まれ持った性別を変えることは、不幸な生き方ではないでしょうか。

性自認は個人の意思で選択・変更することはできません。トランスジェンダーの人にとって、性自認に基づいて生きることは、ストレスが減り、豊かな人間関係を築き直すことができ、自分の人生を生きているという実感がはじめて味わえるなど、数多くの肯定的な側面があります。

Q19 トランス女性は、お化粧やスカートが好きな男性として生きればよいのではないでしょうか。

性自認は個人の重要なアイデンティティであり、たんにどのような服装を好むかとは異なります。トランス女性がみな、お化粧やスカートなど、いわゆる典型的な女性の装いを好むとは限らず、トランス男性がみな、子どものころからサッカーや外遊びを好んでいるわけでもありません（メディアなどでそのように描かれることがありますが）。ひとくちに男性や女性といっても多様であるように、トランス女性やトランス男性の服装の好みもさまざまです。

Q20 手術をして、ペニスを除去してから女性と認めるべきではないでしょうか。

日本精神神経学会の「性同一性障害に関する診断と治療のガイドライン」では、身体的治療を希望する者は、治療をおこなう前に、移行先の性別での生活を経験してみる（**実生活経験**＝ＲＬＥをおこなう）ことが推奨されています。つまり、トランス女性であれば女性として、トランス男性であれば男性として、生活がある程度できるようになってから、本人が希望する場合には性別適合手術を受けられるということです。手術を受けなければ移行先の性別として認めないというのでは、そもそもこのガイドラインの順序とも矛盾しますし、だれも性別移行できないことになってしまいます。

Q21 男とか女とか関係なく、その人らしく生きればいいのでは？どうして性別を変えようとするのでしょうか。

私たちの社会は、あらゆる場面で性別が問われ、どの性別と認識されるかによって人間関係も変化しうるものです。「男も女も関係ない」と言い切ってしまうには、性別は個人を構成する要素としてあまりに大きな部分を占めています。「その人らしく生きる」ためには、その人の性自認がきちんと尊重されることや、身体違和が緩和されていることなどが重要なのです。

ニュースから読み解く最近のＬＧＢＴＱをめぐる社会の変化

２０１５年に東京都渋谷区と世田谷区で「パートナーシップ制度」が導入されて以降、「ＬＧＢＴ」に関する報道が急増し、性的マイノリティに関する言葉の認知度も高まりました。学校や企業、自治体での取り組みも増えています。ここでは、近年の性的マイノリティをめぐる社会状況の変化を見てみます。

性的マイノリティのカップルの関係を自治体が認証する「パートナーシップ制度」は、３００以上（２０２３年９月現在）の自治体で導入されています。人口比で見ると、日本の約７割の人々が住む自治体で導入されていることになります。一方で、パートナーシップ制度には法的効果がなく、相続や配偶者ビザ（日本人の配偶者であることによる在留資格）などの法律婚によって得られる権利は、パートナーシップ制度を利用していたとしても法律上同性のカップルは得られません。

婚姻の平等を求めて、「結婚の自由をすべての人に訴訟」が全国五つの地方裁判所で提訴され、そのうち四つの地裁で、同性カップルの婚姻が認められない現行法について実質的な違憲判決が出ています。

COLUMN

経済産業省で働くトランスジェンダー女性が、一部フロアの女性用トイレ利用を制限された件について、最高裁判所は2023年7月に、国の対応を違法とする判決を下しました。裁判官による補足意見では、「自認する性別に即した社会生活」について「切実な利益で、法的に保護されるべき」だと指摘されています。

文科省の定める学習指導要領では「性の多様性」についての記載がありませんが、小・中・高校の保健体育や家庭科、公民などの教科書で、性の多様性について取り上げられるようになりました。制服も、性別にとらわれずスラックスやスカート、ネクタイやリボンを自由に選択できる学校も増えつつあります。

企業においても、同性パートナーを持つ従業員に慶弔休暇等の福利厚生を適用するなどの取り組みが広がっています。厚労省が委託実施した実態調査では、大企業の約4割が性的マイノリティに関する取り組みを進めています。一方で、中小企業も含めると1割程度というのが現状です。

学校や企業、自治体など、現場の意識や努力によってさまざまな取り組みが積み重ねられてきていますが、一方で、現場の意識による取り組み度合いのギャップが広がりつつあるともいえます。2023年6月にLGBT理解増進法が成立しましたが、性の多様性に対する意識や関心の有無によらず、すべての場所で差別や偏見をなくすための取り組みを広げることが求められます。

（松岡宗嗣／一般社団法人fair）

2章

トランスジェンダーをめぐるバッシングのウソ・ホント

「ＬＧＢＴＱの権利を条例で認めたら、女湯にペニスを持つ人が入ってくる」「この条例を通したら性犯罪が野放しに」等の不安を煽る言説が、近年多く聞かれるようになりました。このような誤情報が、トランスジェンダーやＬＧＢＴＱ全般への恐怖心を煽り、重大な人権侵害をもたらすことが危惧されます。客観的な事実に基づき冷静に検証することが必要です。

Q01 デマによるＬＧＢＴＱへのバッシングが激化しているのですか。

２０２３年の春、埼玉県の介護施設で働いていると名乗る人物が「施設のトイレと更衣室が男女共用になり、従業員が抗議したが、県知事から施設長にお褒めの電話があった」というＳＮＳへの投稿をおこないました。この人物へのインタビュー動画もYouTubeにアップされ、県には苦情や問い合わせが約３００件寄せられましたが、のちに事実無根であったことが判明しました。

県が性の多様性条例を制定したことに反発したデマと考えられますが、このように「トランスジェンダーの権利を認めると社会が混乱する」といった言説は、昨今ＳＮＳなどでよく拡散されています。ＬＧＢＴ理解増進法の可決を受け、２０２３年7月には「女子トイレが廃止されることを知っていますか?」など、事実誤認に基づく表現が掲載された差別的なビラが渋谷駅ビルのトイレ、商業施設などにも置かれました。

（遠藤まめた）

Q02 トランスジェンダーに対するバッシングはなぜ激化しているのでしょうか？

現在、トランスジェンダーに対する誹謗《ひぼう》中傷、とりわけトランスジェンダー女性に対する誤解や偏見、ヘイトなどの差別的な意図をもって貶《おとし》める言動が、ＳＮＳやインターネットを中心に広がっています。国内において、こうした状況は、２０１８年にお茶の水女子大学がトランスジェンダー学生を受け入れると表明した時期より顕著になってあらわれてきたといわれています。

ちなみに、女子大学におけるトランスジェンダー学生の受け入れについては、日本女子大学、奈良女子大学、宮城学院女子大学、ノートルダム清心女子大学、津田塾大学などでも検討され、取り組みが広がっています。

もっとも多い誤解のひとつは、トランスジェンダーの権利を保障すると、いわゆる「心は女性」の（トランスジェンダー女性と自称する）「身体男性」の人が、女性浴場や女子トイレなどの女性専用施設に入れるようになり、また、それを拒むことができない、といった言説です。

２０１９年1月にインターネットテレビＡｂｅｍａＴＶで放送された「みのもんたのよるバズ！」という番組内において、とある出演者が、ＬＧＢＴ法案の文脈において、まるですべてのトランスジェンダー女性が女性専用施設に侵入してくるかのような、また、ペニスのあるトランスジェンダー女性を性犯罪者扱いするような、恐怖や脅威を煽る発言をくりかえしおこない、Ｘ（旧Twitter）を中心に、さらに言説が広がり過熱していったとされています。

こうしたバッシングが起きた背景として、大きく二つのことが考えられます。

ひとつは、「性自認」という概念が歪《ゆが》められてしまったことに起因しています。性自認とは、ジェンダーアイデンティティの訳語からきており、「性同一性」という言葉で表現されることもあります。「性自認」とは、自分の認識する性別のことを指していますが、たとえば、今日は「男」、明日は「女」など、自分で認めれば性別を自由にコロコロと変えられるといったような誤解が広がりました。

二つめは、トランスジェンダーは、ＬＧＢＴＱ＋など性的マイノリティの中でもさらにマイノリティ（少数者）といわれており、トランスジェンダーの生活実態がなかなか可視化されていないという現状です。トランスジェンダーの多くは、自分の性別が外見上「男」「女」「どちらでもない」など、周囲からどう見えているのかを繊細に感じながら暮らしており、男女別のトイレや公衆浴場などの施設が利用しづらい、使用することに苦痛を感じるといった声が多く上がっています。

言われのない差別や偏見を受け、誤解やデマなどのバッシングが広がったことにより、多くのトランスジェンダー当事者が心を痛め、傷つき、これまで自然に暮らしていた当事者の中にも、自分が性犯罪者かのようなレッテルを貼られたことで、より肩身の狭く、つらい思いをしている人もいます。当事者の実態や正しい理解ではなく、不安や脅威が蔓延してしまったことにより、当事者がさらなる孤独や孤立を抱え、支援やサポートが届かなくなってしまうケースもあります。

トランスジェンダーの実態からかけ離れたイメージに基づいた誤解やデマが広げられ、当事者を一律に排除しようとすることが問題なのです。

トランスジェンダーに対するバッシングは、ヒトの性別（ジェンダー）は「男」と「女」2種類のいずれかしかないという性別二元論をより加速させ、家父長制的なジェンダー規範や性差別を助長し、当事者の生きづらさや困難を見えにくくさせているといえます。また、性犯罪や性暴力は良くないという、人の心理を巧みに利用した排除言説であるともいえます。（時枝穂／LGBT法連合会代表理事）

Q03 トランスジェンダーの人はどのトイレを使うのでしょうか。「だれでもトイレ」を使えばいいのではないでしょうか？

個人によって異なります。多くの当事者は、性別移行の状況にあわせて使用するトイレを徐々に移行します。性別移行をはじめて間もなく、外見が大きく変化していない当事者もいれば、移行先の性別ですっかり馴染んで、トランスジェンダーであることをとくに明かさず暮らしている当事者もいます。性別移行の初期であったり、男女別トイレを使うことに抵抗感があったりする場合に「だれでもトイレ」を使う当事者はいます。しかし、移行先の性別で馴染んでおり、男女別トイレを問題なく使える当事者も多く、このような場合にわざわざ「だれでもトイレ」を使うよう指定することは、望まないカミングアウトの強要や**アウティング**（暴露）につながりかねません。「トランスジェンダーの人はこのトイレを使うべき」というひとつの答えがあるわけではなく、職場や学校においては、個別の状況によって合理的に判断していくことが重要です。

Q04 トイレや更衣室の利用は法律上の性別に限定すべきではないでしょうか？ 法的な性別と異なるトイレや更衣室を使うのは犯罪ではないでしょうか。

法的な性別にそったトイレや更衣室を使うよう求める現行法はありませんが、仮に、だれかが合理的な必要性もないのに、法律上の性別や社会生活上の性別とは異なるトイレや更衣室に入った場合、なんらかの違法な目的での侵入を疑われる可能性があるでしょう。しかし、性別移行段階の進んだトランスジェンダーの中には、むしろ法律上の性別に従ったトイレを使うと、かえって社会的に混乱をきたすことが想定される人もいます。

第1章Q10でも取り上げたように、性同一性障害の診断を受けたトランスジェンダーの半数以上が、戸籍上の性別変更には至っていない現状があります。戸籍とは異なる性別で安定した日常生活を送っている当事者は多く、また移行先の性別で馴染んでおり、とくにトランスジェンダーであることを公表していない場合も多くあります。このような当事者に、法的な性別に従ったトイレや更衣室の利用を求めることは、望まないカミングアウトの強要やアウティングにつながってしまいます。

Q05 公衆浴場はトランスジェンダーの人をどう扱っていますか。

2023年6月に、厚労省は「公衆浴場や旅館業の施設の共同浴室における男女の取扱いについて」との通知を発出し、公衆浴場法に設けられた「おおむね7歳以上の男女を混浴させないこと」を基準に、公衆浴場や旅館業の施設の共同浴室については「身体的な特徴をもって判断するもの」という技術的助言をおこなっています。つまり、ペニスがある状態の人が、仮に性自認が女性であったとしても、女湯には入らないようにとの内容です。公衆浴場や共同浴室は管理者の意思が最優先される場であり、施設の性質上も合理性のある基準ではないかと思われます。個別のケースに応じて、個室スペースを案内するなどの工夫をしている浴場もあります。

トランスジェンダーと公衆浴場の話題は、日本国内のSNSでこの数年たびたび話題となっていますが、事実としては、トランス女性の当事者団体が「自分たちを（性別適合手術なしで）女湯に入れてくれ」と訴えているのではなく、むしろ当事者に対する嫌がらせ（トランスジェンダーは無理難題を押しつけるクレーマーだという印象操作）として、この話題が持ち出されていることに注意が必要です。

Q06 トランスジェンダーの権利を認めると性犯罪が増えるのではないですか。

ＵＣＬＡが２０１８年に発表した米国初の大規模調査では、性自認による差別を禁止した地域と、禁止していない地域を比較したところ、トランスジェンダーが性自認によるトイレを使うことが認められても、性犯罪の増加にはつながっていなかったことが指摘されました。本書の執筆時点で、トランスジェンダーの権利擁護によって性犯罪が増えたというエビデンスは確認されていません。

日本国内の場合、トランスジェンダーの約半数は性暴力のサバイバーであることが調査によってわかっています。宝塚大学看護学部の日高庸晴教授がＬＧＢＴＱ＋を対象に２０１９年におこなった調査（有効回答数１万７６９人）では、トランス女性の57％、トランス男性の51・９％が性暴力被害経験を有していました。[1] トランスジェンダーはしばしば「加害者予備軍」「怖い人」と描かれがちですが、実際には半数近くが性被害を受けた側なのです。

性暴力はただでさえ相談しにくい犯罪被害ですが、トランスジェンダーの場合、被害を受けても安心して相談できる環境が少ないことも課題になっています。性暴力の問題が解決されない社会は、トランスジェンダーにとっても安全ではありません。

（１）日高庸晴（宝塚大学看護学部教授）による２０１９年実施調査、REACH Online 2019 第2回「ＬＧＢＴ当事者の意識調査――世の中の変化と、当事者の生きづらさ」

Q07 自治体のLGBT差別禁止条例の制定によって、男性が女性用トイレや公衆浴場に入れるようになっているのでしょうか。

なっていません。すでに約70の自治体で、性的指向や性自認に基づく差別的取り扱いを禁止する条例を制定しています。しかし、これらの自治体で、男性が「心が女性」と言いさえすれば女性用トイレや公衆浴場に入れることはありません。Q05で説明した通り、厚労省は公衆浴場の利用について、身体的な特徴に基づいて男女に区別すると通知しています。差別的取り扱いが条例で禁止されている自治体で、「男性が『心が女性だ』と言って女湯に入ろうとするのを施設側が断り、それが差別だと訴えられた」というケースはありません。

（松岡宗嗣）

Q08 2023年に成立したLGBT理解増進法はどんな法律でしょうか。この法律によって男女別施設の利用基準が変わってしまうのでしょうか。

この法律はどんな法律？

この法律（正式名「性的指向及びジェンダーアイデンティティの多様性に関する国民の理解の増進に関する法

律」）は、成立に至るまで修正協議がおこなわれましたが、その過程で内容が後退したとの批判もあり、賛否の声があげられています。

しかし、法律の目的規定を素直に読むのであれば、まず、内容項目として二つを掲げていることがわかります。ひとつには、施策に関して基本理念を定め、国や自治体の役割等を明らかにすること、二つめとしては、基本計画の策定その他の必要な事項を定めることです。こうした施策を推進し、「多様性に寛容な社会の実現」をめざすものです。この施策推進とめざす社会像に異論はないでしょう。

第1条の目的規定をもう少し詳細に見てみましょう。まず、「多様性に関する国民の理解が必ずしも十分でない現状に鑑み」と、社会の現状分析が明記されています。そのうえで、直接の目的として「多様性を受け入れる精神を涵養《かんよう》し」と定め、究極的には「多様性に寛容な社会の実現に資すること」との目的を掲げています。

さらに、第3条の基本理念では、「全ての国民が、その性的指向又はジェンダーアイデンティティにかかわらず、等しく基本的人権を享有するかけがえのない個人として尊重されるものであるとの理念」と「性的指向及びジェンダーアイデンティティを理由とする不当な差別はあってはならないものであるとの認識」を明記しています。これらは、憲法13条の個人尊重の原則と、憲法14条の差別禁止の原則の具体化規定といえます。すなわち、日本国憲法下の法体系上、性的マイノリティの権利利益に関する、わが国初の包括的な法的性格を有する法律であるとの法的評価をすることができます。

この法律の条文構成は次のとおりです。1条［目的］、2条［定義］、3条［基本理念］、4条［国の役割］、5条［地方公共団体の役割］、6条［事業主等の努力］、7条［施策の実施の状況の公表］、8条［基本計画］、9

条［学術研究等］、10条［知識の着実な普及等］、11条［性的指向・ジェンダーアイデンティティ理解増進連絡会議］、12条［措置の実施等に当たっての留意］との構成となっています（条文の逐条解説については、鈴木秀洋『自治体職員のためのＬＧＢＴＱ理解増進法逐条解説ハンドブック』第一法規を参照）。

この法律によって男女別施設の利用基準が変わってしまうのか？

そのような不安や批判は、法的には正しくありません。国会の審議過程では、この法律を提案した議員（政府参考人説明含む）は次のように答弁しています。

ひとつには、この法律が理念法であるとの説明です。もうひとつは、具体的場面においては、公衆浴場法や旅館業法（実施要領や条例）等が制定され、現行法下の法制度・運用自体は憲法14条に反するものではなく、理解増進法が制定されても変わらないとの説明です（詳細はQ09参照）。

行政法の専門家として、少し説明の補充をしたいと思います。まず「理念法」との説明ですが、法的に確立した定義はなく、罰則がないものがすべて理念法というわけではありません。そして、ある法律を理念法とする説明は、当該法律に具体的内容や執行に関する規定がない場合に、それではたんに理念を定めたにすぎず不十分だと批判する文脈のなかで実務上は使用されてきたことからしても、理念法だから具体的執行の場面に影響がないとする説明は、立法の必要性を弱めてしまいます。

「国民の理解が必ずしも十分でない現状」すなわち、性的マイノリティへの差別やいじめ等、命にかかわる現状を変えるための法的枠組みを定める法律であり、実際に、基本計画を定め、施策効果の評価、施策の実施状況の公表、変更をおこなうとのＰＤＣＡサイクルを規定し、さらに施策策定のための研究推進や、行政・事業主・学校等に対して、知識の着実な普及等として相談体制の整備その他、必要な措置について規定している以上、たんなる理念法ではないし、理念法にしてはいけないのです。
そして、この具体的執行場面では、さまざまな国民の権利・利益との調整が生じるのは当たり前のことであり、具体的調整については、行政側のみでなく、当事者や専門家等の参画・意見聴取を積み上げていくことが、行政手続き上も求められることになります（その意味では、理解増進連絡会議〔11条〕の拡大が必要でしょう）。
具体的調整場面の論点として、男女別施設の利用基準について国会でも議論がありましたが、この論点については法的、社会学的、保育・教育的、医療・保健的等さまざまな視点が必要となります。確定的・画一的な正解（共通基準）が出せるものではありません。次の**Q09**で詳細に検討してみましょう。

（鈴木秀洋／日本大学大学院教授）

Q09 施設を男女別に分けることは差別になるのでしょうか。

〈Q08から続く〉

結論として、施設等の利用において男女別区分を設けることは差別に該当しません。この法律が成立すると、トイレがいずれもジェンダーフリーになり女性用トイレがなくなってしまうのではないかとの批判、公衆浴場の女湯に外形上男性のトランスジェンダーが入浴するようになってしまうのではないかとの不安、スポーツ大会等への参加ルールが変わってしまうのではないかとの苦情など、さまざまな懸念がマスコミ等を通じて表明されました。こうした指摘が国会でも採りあげられたので、ここでは、これらの質問に対するこの法律の立法提案者からの答弁を引用して挙げておきます。

まず、本法案は理念法であります。理念法でありますので、個々の人の行動を制限したり、また、何か新しい権利を与えたりするようなものではありません。したがいまして、女性トイレや公衆浴場の女湯のような女性用の施設等の利用やスポーツ大会等への参加ルールについて、現状の在り方を変えるものではありません。

例えば、公衆浴場に関して言えば、公衆浴場法第3条で、営業者は風紀に必要な措置を講じなければならないとされておりまして、〔この法律・要領と〕これを受けて、〔定めた〕条例においておおむね7歳以上の男女を混浴させないと定められ、また、ここに言う男女とは、身体的な特徴の性をもって判断することとされているため、公衆浴場の営業者は、体は男性、心は女性という方が女湯に入らないようにする必要があるとされています。

また、スポーツ大会等においてどのような競技区分を設けるかなどについては、法律によって規律されるような事柄というよりは、むしろ、基本的には、スポーツ大会等の主催者や、それぞれの競技団体において定められるべきものと考えられます。いずれにしましても、本法案の下でも、マジョリティーの女性の権利や女性用スペースの侵害は許されないことは当然のことであります。

（令和5年6月9日衆議院内閣委員会　立法提案者・國重徹議員）

この国会答弁の直後、国から都道府県・保健所設置市・特別区あてに通知[2]が発出されています。この通知は、従前から法律・要領等で定められていた取扱い（平成12年12月15日付厚労省発出）を再度確認するものであり、「公衆浴場や旅館業の施設の共同浴室における男女の取扱いについて」（令和5年6月23日付薬生衛発0623第1号）と題するものです。前記立法提案者の説明は、この通知内容を引用した答弁といえます。さらに、この国からの発出通知には、公衆浴場法や旅館業法上の取扱いが憲法14条に反しないのかとの質問に対する政府側答弁（令和5年4月28日付の衆議院内閣委員会会議録抜粋）も添付されています。政府側答弁（伊佐進一副大臣）は、憲法14条は法の下の平等を定めており、この趣旨は合理的な理由なしに区別することを禁止するというものであり、公衆浴場における入浴者について男女を身体的特徴の性をもって判断する取扱いは、風紀の観点からの合理的な区別であると考えられ、憲法14条の差別に当たらない旨の答弁をおこなっています。

以上が、現行法上の考え方と取扱いということになります。

しかし、私は、こうした身体的特徴による男女別の施設利用形態のみを画一的に徹底することは、性的マイノリティの方々の日常生活上の困難に応えていないのではないか、「多様性に寛容な社会の実現」をめざすのであれば、選択の幅を広げる工夫が必要なのではないかと考えます。最高裁判所令和5年7月11日判決（経産省トイレ利用制限違法事件）および最高裁判所令和5年10月25日決定（性同一性障害特例法上の取扱い違憲事件）のメッセージは、現行社会システムの変更を求めています。

施設には多様な利用者が存在します。だれひとり同じ人はいません。要望が多様でグラデーション的となるのはむしろ当然です。それらの要望に対して、同じパイを奪いあうような択一的で排除的な解決策を考えるのではなく、ハード面においてもソフト面においても、選択肢を増やすような行政対応をおこなうべきなのであり、一方、国民・住民側も同じく多層的な行政対応を求めていくことこそが、いま私たちに求められているのではないでしょうか。不安や対立を煽る言説とは一線を画し、対話を重ね、柔軟な具体策を構築していく手法を選択していきましょう。

（鈴木秀洋）

（2） 薬生衛発0623第1号「公衆浴場や旅館業の施設の共同浴室における男女の取扱いについて」（令和5年6月23日） https://www.mhlw.go.jp/content/001112500.pdf

Q10 「差別」の定義があいまいなままLGBTQへの差別を法律で禁止すると、訴訟が乱発されて社会が分断されるおそれがあるのではないですか。

法律はすべて抽象的です

ＬＧＢＴＱへの差別の問題に限らず、法律上の決まりはすべて抽象的です。どういった問題であっても、まず個別の法律を解釈して、どういう場合が「差別」に当たるのかということを考え、次に、実際に起きたケースがその法律上の「差別」に当たるのかをあてはめて検討します。このような検討過程を経てはじめて、「差別になる」あるいは「差別とはいえない」と言えるのです（「三段論法」と呼ばれています）。そして、「差別があった」かどうかについて意見が分かれる場合には、それを決するのは裁判所の裁判官です。法律とはそういうものですから、ことさらにＬＧＢＴＱへの差別の定義だけがあいまいだとはいえません。

ＬＧＢＴＱへの差別はすでに禁止されています

そもそも、「ＬＧＢＴ差別禁止法ができることによって、差別が禁止される」わけではありません。すでにある法律や判例によって、ＬＧＢＴＱへの差別は禁止されています。たとえば、ＬＧＢＴＱへの差別を明示的に禁じている法令として、性的指向や性自認（ＳＯＧＩ）によるハラスメントを禁止したパワハラ防止指針（労働施策総合推進法に基づくもの）や、セクハラ防止指針（いわゆる男女雇用機会均等法に基づくもの）があり、東京都をはじめとする全国の自治体が差別禁止条例を設けています。

また、「ＬＧＢＴ」と条文に書いていなくても、憲法や労働法等を適用して、差別やハラスメントに該当すると判断されるケースはいくらでもあるでしょう。

先例から学ぶこと

ＬＧＢＴ差別禁止法ができることにより、「差別を受けた」と申し出る人がいまより増えるのではないか、と考える方がいるようです。

これについて、考えてみてください。かつて、職場のセクシュアル・ハラスメントは「社員個人の問題」とされ、会社が関与しないことが当たり前でした。ＤＶもストーカーも、家庭の中の、あるいは個人的な交際の問題であると考えられ、警察は不介入の立場でした。その結果、多くの被害者を生み、被害がやまないため、法で規制されることになりました。

たしかに、法で規制される前より、規制された後のほうが裁判は増えたかもしれません。しかし裁判が増えたからといって、規制のなかった時代のほうが良い社会だったといえるでしょうか。社会が分断されたといえるでしょうか。

差別禁止法はあなたを守る法律でもある

むしろ、この質問の背景には「自分の悪気のない言動がＬＧＢＴＱへの差別だと言われ、最悪の場合、裁判に訴えられてしまうのではないか」という不安があるように思います。これは、日本でセクハラという言葉の認知度が一気に広まった１９９０年代に、一部の男性が「どういう言動がセクハラに該当するかわからない」とつぶやいていた状況と似ています。

また、この質問のような思いを抱えている人は、自分が思いがけず差別する側に立つことはあっても、自分が差別される側になるとは思っていないのではないでしょうか。

ＬＧＢＴＱに限らず、差別やハラスメントは世の中に溢れています。高齢者差別はだれもが当事者になりうる問題ですし、自分の国を出れば、自身が人種差別にあう可能性もあります。

差別を受けた側が「差別を受けている」とまわりに言わなければ、差別の存在自体に気がついてもらえないことも多く、言ったとしても、まわりの人が協力してくれるとは限らず、むしろ差別がなかったかのように扱われることも少なくありません。そういう被害者の負担を少しでも軽くしたい、それを通じて差別自体をなくしたい、それが差別禁止法なのです。世の中から差別をなくしていくことは、あなた自身を守ることでもあるのです。

（立石結夏／弁護士）

Q11 「心は女性だ」という人が女性用トイレや女湯を利用するのを拒否したら、裁判になり法律で罰せられるのでしょうか。

法律で罰せられることはありません

この問題に関連して、インターネット上には「差別」「法律違反」「罰せられる」という言葉が散見されますが、そもそもの法律の理解に混乱があります。

「法律で罰せられるのでしょうか」というこの質問は、刑事罰のことを心配しているようです。刑事罰とは何かを確認しておきましょう。たとえば刑法や道路交通法等に違反した場合、検察官に起訴されて刑事裁判にかけられ、有罪が確定すると刑事罰を受けることになります。

もっとも、憲法31条は罪刑法定主義を定めており、どのような行為が犯罪となり、それに対してどのような刑罰が科せられるかが、あらかじめ法律で決められていなければ、刑事罰を受けることはありません。日本には現在「女性用トイレや女湯の利用を拒否してはならない」という刑法等の規定はありませんので、「利用を拒否したら裁判になり、法律で罰せられる」ことはありません。

「心が女性だ」と言っただけで、女性用トイレや女湯が利用できるわけではありません

そうではなく、仮にあなたが男女別トイレのあるビルのオーナーであるとか、公衆浴場を経営する立場なのだとしましょう。この質問のとおり、「心が女性だから」と、あなたが管理している女性用トイレや女湯の利用を希望する人があらわれたらどうすればいいのか——そういう不安が、この質問の背景にはあるのかもしれません。

少なくとも「心が女性だから」と言っただけの人に対して、かならず女性用トイレや女湯の利用を認めなければならない、ということにはなりませんが、実際にどう対応すればよいのかは、あなたがどのような立場で、相手がどのような人で、どのようなことを希望しているか、その具体的な状況や事情によって判断すべき事項です。一律の正解はありませんので、個別具体的な事情を法律家に話して相談してください。

インターネット上の法律論に注意しましょう

法律には、①刑法や道路交通法のように国民一人ひとりが絶対に守らなくてはならないルールを定めたもの、②民法や会社法のように私人と私人のあいだのルールを定めたもの、③LGBT理解増進法のように、国が特定の施策を推進するために、行政機関や事業者に対して特定の義務を定めたもの

があり、詳しくは書きませんが、これらに当てはまらないものもあります。つまり、ひとくちに「法律」といっても、いろいろな種類があるのです。

冒頭の質問も含め、インターネット上で見られるトランスジェンダー女性と女性用施設についての「法律論」は、①②③その他が混ざってしまって、間違っているものが少なくありません。また、この問題に限らず、「差別」に該当するかどうかは、法律の専門家であっても簡単に判断できるものではありません（Q10参照）。ところが、インターネット上では安易に「差別にあたる」「差別にならない」といった断定的な意見が匿名で述べられている場合があります。このようなインターネット上の法律論に対しては、その正確性と信用性を十分に吟味する必要があるでしょう。

（立石結夏）

Q12 ＬＧＢＴ理解増進法によって女性用トイレがなくなり、すべてのトイレが男女共用になってしまうのでしょうか。公園ではなぜ女性トイレが減っているのですか。

なりません。ＬＧＢＴ理解増進法は、多様な性のあり方についての理解を広げるための法律で、男女別施設の利用基準について規定するものではありません。ＬＧＢＴ理解増進法が根拠となって女性用トイレがなくなり、すべて男女共用になるということはないのです。

東京都渋谷区で新たに整備された公衆トイレが、男性用小便器と男女共用の個室トイレという設計になっていたことから、「女性専用トイレがない」としてSNS上で批判が寄せられました。これを受けてNHKが東京23区にある屋外公衆トイレを調べたところ、少なくとも6割以上で女性専用のトイレがないことがわかっています。

その背景にあるのは、都市公園における公衆トイレなどの建築物が、原則的に敷地面積の2％を超えてはならないと法律で定められているため、男女共用のバリアフリートイレが優先的に設置されてきた経緯があるとされています。

LGBT理解増進法によって女性用トイレが減っていることも、すべてが男女共用トイレになってしまうということもありませんが、今後は男女別のトイレに加えて、プライバシーと安全性が考慮された性別で分けないオールジェンダートイレの増設が求められるでしょう。

（松岡宗嗣）

Q13 選挙の候補者をはじめとする「女性向け枠」について、トランスジェンダー女性との関係性をどう考えたらよいでしょうか。「男性」によって女性枠が奪われてしまうのではないですか。

政治をはじめとする意思決定の場に女性はとても少なく、女性の関心事項が政治に反映されにくい状況になっています。そこで、性別不均衡を是正するために、一定割合を女性に割り当てる**クオータ制**という方法が、選挙や企業役員などで使われるようになっています。

政治においては、議席または候補者の一定割合を女性、または男女双方に割り当てるジェンダー・クオータが世界的に広く普及し、２０２３年現在１３７か国でなんらかのクオータが実施されています。法律で義務として規定する場合もあれば、政党が自主的に導入する場合もあります。

日本では、「政治分野における男女共同参画の推進に関する法律」が２０１８年に施行され、政党が候補者を擁立する際には男女の数の均等をめざすことが盛り込まれました。政党には努力義務として数値目標を掲げることを求めています。現在では多くの政党が、女性候補者の割合を30〜50％にする目標を打ち出しています。

ジェンダー・クオータは、女性割合の下限を設定することが多いのが実情ですが、この「女性向けの枠」はあくまで下限であり、上限ではありません。本来クオータは男女双方に規定されるべきもので、「女性枠」ととらえること自体が適切ではありません。男女ともに40〜60％にする、ないし男女同数にするといった規定を設けるべきでしょう。

たとえば3割の枠を女性とトランスジェンダー（トランス女性）が分け合うと考えると、女性枠が奪われるように映ってしまうかもしれませんが、女性もトランスジェンダーもマイノリティであり、十分に政治参画ができない現状を変えていくためにクオータを活用すべきなのです。つまりは、現状の「シスジェンダー男性が多すぎること」を是正する必要があり、シスジェンダー男性が6割を超えないようにする上限規制を設ける発想も有効です。女性やトランスジェンダーが6割まで占めていくことを見据えて、シスジェンダー女性が５割を下回らないようにする、といった規定を構築することもありうるでしょう。

クオータを設けて男女比を算出する際に用いる性別が法的な性別なのか性自認なのかは、国によって異なります。メキシコは世界でもっとも厳格なクオータを導入し、男女同数（パリテ）を規定していますが、立候補は性自認で届けられます。男女同数名簿ではなかったために立候補届けが受理されなかった政党が、候補者の男性の一部を女性だとして届け出直したケースがあるのですが、選挙管理委員会や選挙裁判所が審査し、生活実態から無効としています。仮に性別を詐称する事案が発生した場合は、公的機関による対応がなされることになっています。

有権者にとっても、候補者のジェンダーは投票を決める際の重要な手がかりのひとつでしょう。候補者がどのようなジェンダーアイデンティティやセクシュアリティを持ち、その結果としてどのように社会とかかわってきたのかは、立候補の動機に影響を与え、また当選後の政治姿勢にも反映されるものです。もちろん本人が望まないアウティングは避けなければなりませんが、選挙で公職につくという特性を持つ政治家の場合には、実際にはＳＯＧＩ（性的指向や性自認）に関する情報を秘匿することは難しく、むしろ積極的に公開することで社会の偏見をただし、法制度を変えていくという使命を負っているともいえます。

日本では、候補者・当選者の男女比は戸籍上の性別で集計されています。立候補届けの際には、各地の選挙管理委員会によって異なる対応となっており、性自認による届け出を受けつけたり、性別欄をそもそも廃止したりしているところなどがあります。立候補の告示事項には性別が含まれていないため、個々の候補者のジェンダーを有権者が公的に知る手段はなくなってしまいました。戸籍ではなく、ノンバイナリー[3]なアイデンティティも含めた性自認を告示事項に含めていくことが必要でしょう。

（三浦まり／上智大学教授）

（3）女性・男性のような二元的なジェンダーにとらわれないジェンダーアイデンティティを指す言葉。

Q14 トランスジェンダー女性による女性スポーツ参加をどう考えたらよいでしょうか。

最近、トランスジェンダーとスポーツの関係が話題になることが急に増えましたが、そのほとんどは、トランス女性が女子スポーツに参加することが公平かどうか、安全かどうかに焦点が当てられています。しかし、これらの議論には大きく分けて三つの問題があります。

ひとつめは、女性は男性よりもスポーツの能力に劣るという考え方です。数値化できる競技力の平均値を見れば、男女のあいだには差がありますが、実際には男女それぞれの中における競技力の幅のほうが大きいのです。たとえば男子１００m走の世界記録は9・58秒、男子の日本記録は9・95秒で、この差は0・37秒です。これに対し、女子１００m走の世界記録は10・49秒、女子の日本記録は11・21秒です。

その差は0・72秒で、女子の世界記録と男子の日本記録の差（0・54秒）よりも大きいです。競技力が近い者どうしが競争することが公平だというなら、世界のトップレベルの女子選手は、日本のトップレベルの女子選手よりも、日本のトップレベルの男子と試合をするほうが公平であるという主張ができます。

二つめは、競技力とホルモン量の関係についての科学的知見の不足です。現在、男女のカテゴリーをテストステロン量で区別するスポーツ組織が多くあり、これは、これまでにも身体の性の多様な発達（DSDs）を持つ女子選手に対する差別的な規定として批判されてきました。しかし、この規定の問題点は、その差別的な使われ方だけではなく、その科学的根拠の不足にもあります。

テストステロン＝「筋肉量と骨格の増大（男性の身体特徴のエッセンス）」＝「男女の競技力差の源」という誤った理解が広がっていますが、テストステロンは女性の身体にもあり、その量の分布には男女のあいだに重なりがあります。また、テストステロンが多いほど競技力が高いことを科学的に示した研究は存在していません。もし、テストステロンがもたらす筋肉増強が競技力の決定的な要因になるのであれば、トップクラスのスポーツ選手は皆ボディビルダーのような身体をしているはずですが、実際はそうはなっていません。高い競技力をもたらす要素は膨大で複雑です。また、トランス女性がテストステロン抑制剤を一定期間使用することで、競技力がどの程度低下するのかについての科学的研究もまだ結論が出ていません。

三つめの問題は、トランスジェンダー当事者のスポーツ参加の困難さがほとんど認識されておらず、議論の俎上《そじょう》にすら上げられていないことです。私はこれが最大の問題だと考えます。学校体育から部活動、学校以外のスポーツクラブにいたるまで、スポーツでは男女が徹底的に分けられます。それは試合だけでなく、チームづくりや更衣室、ユニフォームのデザイン、競技の道具やルール、体育教員やコーチによる声かけのあり方なども含みます。

性別は社会で暮らすうえで根幹的なカテゴリーとして機能するため、性自認は、自分が社会においてどう位置づけられる人間なのかを理解し、自己を形成する核となります。だからこそ、徹底的に男女で分けられるスポーツの場で、くりかえしとても居心地の悪い思いをしたり、いじめられたり、恥ずかしい思いをしたりすることで、多くのトランス当事者は、体育も含めたスポーツの場から離れざるをえない状況に追い込まれています。スポーツにおけるジェンダー平等や公平性を考えるなら、トランスの子どもや若者たちがスポーツから排除されるような構造が、まず問題にされるべきではないでしょうか。

（井谷聡子／関西大学准教授）

Q15 刑務所などの収容施設におけるトランスジェンダーの扱いはどうなっていますか。

トランスジェンダーの権利保障が進んだ国でも、性自認に基づきトランス女性をすぐに女性刑務所に移送するという運用には、かならずしもなっていません。たとえば、２０１９年春の時点でイギリス国内の刑務所にいるトランス女性は１３０人とされていますが、女性刑務所にいるのは11人にすぎません（法的な性別変更をしていない人のデータ）。これは、精神科医等で構成する審査パネルがリスク等を検討し、承認された場合にのみ女性刑務所に移送することになっているためです。

刑務所におけるレイプ事件として、イギリスでカレン・ホワイトというトランス女性の性犯罪者が女性刑務所に収容され、他の収容者に性暴力をふるう事件が起きたことが、日本でもしばしば引き合いに出されています。この事件は、過去の犯歴を照会することを怠ったためにリスクアセスメントが正しくできなかったとして、英国法務省は謝罪し、再発防止を誓っています。

Q16 セルフーDとはなんでしょうか。日本の性同一性障害特例法はなぜ改正が求められているのですか。手術要件をなくすことはセルフーDになりますか？

「**セルフーD**」とは、医療的なプロセスによらず、本人の自己申告のみに基づいた行政上の手続きによって法的な性別変更ができる制度を指します。このような法制度はアルゼンチンで２０１２年に誕生し、デンマーク、スウェーデン、アイルランド、スペインなどで導入されています。

法的な性別変更の要件は国や地域によって異なります。日本では、性別適合手術を受けることが（本書の執筆時点で）要件のひとつとなっていますが、欧州の人権団体の調べによれば、欧州49か国のうち、手術要件がない国は28か国にのぼります。これらの中には、医師の診断が必要であったり、ホルモン療法を一定期間受けていることが要件だったりと、いわゆる「セルフＩＤ」ではない国も多く含まれます。つまり、手術要件がないこと＝セルフＩＤなのではなく、要件の実態はさまざまということです。

日本の性同一性障害特例法（性別変更の要件を定めた法律）は、他国に比べても要件が厳しいことから見直しが必要であるとの指摘があります。現状では、法律上の性別と生活実態がずれていることで、就職の際などに強制的にカミングアウトせざるをえず、そのような不都合から逃れるために、本来そこまで希望していなかった手術を選択する当事者が出てきているなどの問題が起きています。また、未成年の子どもがいると法的な性別変更ができないことになっていますが、子どもの有無によって法的な性別変更の制限をおこなっているのは世界で日本だけです。なお、1章Q10でふれたとおり、２０２３年に最高裁は同法の生殖不能要件を違憲としました。

Q17 トランスジェンダーの権利擁護をする人は、女性の性暴力被害に無関心ではないでしょうか。

Q06で紹介したように、トランス女性やトランス男性の過半数が性暴力の被害経験を有するというデータもあります。被害を受けても安心して相談できる環境が少なく、弱みにつけこまれやすいなど、トランスジェンダーにとっても性暴力被害は重要な課題です。

女性の安全を理由としてトランスジェンダーを排除しようとする動きが国内外で増加していますが、イギリスにおけるLGBT団体によるDV／性暴力被害者支援団体への調査では、支援者たちは安全性対策に日常的に取り組んでおり、トランスのサバイバーを受け入れた経験を肯定的にふりかえっていました[4]。この調査では次のことがふれられています。

- インタビューを受けたDVや性暴力被害者支援にかかわる12団体について、これまでにも女性専用施設でトランス女性を受け入れた経験がしばしばあったこと。それらの施設では、他のサバイバーにするのと同じように、その人の状況にあわせ、本人の回復を中心にすえたサポートをおこない、多くの施設でトランス・インクルーシブになるようスタッフ研修をしたり、ポリシーを設けたりしていました。トランス女性を受け入れた経験について支援者たちは肯定的にふりかえり、他の利用者も同様であったと話していました。
- （英国の）性別承認法の改正をめぐり「加害的な男性が施設に近づくかもしれない」という意見については、リスクアセスメントを適切におこなえばよいこと、法律がどうなろうと今後も自分たちのサービスの安全性を守るために、いかなる妥協もすることはないことが示されました。
- 支援者からは、黒人やアジア人、レズビアンやバイセクシュアル女性などと同じように、トランス女性が被害にあっても支援を求められないままでいることについての懸念が示されました。これまでにも多様なサバイバーを包摂するために支援者たちは努力を続けてきたこと、そして近年のトランスバッシングにかかわらず、すべてのサバイバーを支援するために今後も支援を続けていきたいことが語られました。

●もっぱら「脅威」なのは施設の予算カットだと支援者たちは語りました。

日本でも、DV／性暴力被害者支援にかかわる支援者たちから、「女性の安全」をトランスジェンダー排除のための大義名分としないよう声があがっています（Q23参照）。

（4） Stonewall "Supporting Trans Women in Domestic and Sexual Violence Services," 2018.

Q18 性別を変える治療をして後悔する人が多いと聞きましたが、本当でしょうか。

イギリスの調査によれば、公的保健医療制度を使って性別移行をした3398人のうち、性別移行を後悔したと回答する人は0・47％でした[(5)]。後悔していた16人のうち10人は、以前の性別に戻っている状態を一時的なものだと答えました。この報告書では、性別移行した後に元に戻る理由の多くは、性自認の変化というよりは社会的な困難によるもので、ほとんどは一時的なものであるとしています。

２０２１年に発表された、27件の研究を対象としたValeria P. Bustosらによるレビューでも、手術後の患者の短期および長期満足度スコアを調査し、性別移行の治療を後悔したのはわずか１％だったことが判明しました。[6] また２０２３年に発表されたアメリカの調査では、ミシガン大学で乳房切除術を受けた２３５人のうち１３９人がアンケートに回答し、満足度スコアの中央値は５段階評価で５と、最高の満足度を示していたことがわかりました。後悔の度合いを示すスコアの中央値は１００点満点中０で、この調査の中に手術を後悔した患者はひとりもいませんでした。[7]

これらのことから、一般的な外科的形成手術と比較しても、性別移行の治療に後悔している人の割合はきわめて低いことがわかります。

（5） Skye Davies *et al.* "Detransition Rates in a National UK Gender Identity Clinic," *Inside Matters. On Law, Ethics and Religion*, 2019.

（6） Valeria P. Bustos *et al.* "Regret after Gender-affirmation Surgery : A Systematic Review and Meta-analysis of Prevalence," *Plastic and Reconstructive Surgery* 9(3), 2021.

（7） Lauren Bruce *et al.* "Long-Term Regret and Satisfaction With Decision Following Gender-Affirming Mastectomy," *JAMA Surgery* 158(10), 2023

Q19 製薬会社が儲けるためにトランスジェンダーを増やそうとしているって本当でしょうか。

誤情報です。トランスジェンダーの人口は少なく、ホルモン製剤を使う人たちのごく一部にすぎません。このような理由から、ホルモン療法を保険適用にするための治験に協力する製薬会社が見つからず、むしろ当事者たちはホルモン療法をしたくても安心して続けにくい状況に置かれています。

Q20 子どものころに後戻りできない治療をおこなうことは不適切ではないでしょうか。

15歳未満の子どもの選択肢である**二次性徴抑制療法**は、可逆的な（元に戻せる）治療です。二次性徴抑制療法は、思春期に起こる望まない身体変化を一時的に止めることで、性別違和を持つ子どもの希死念慮や自傷行為をおさえ、成人後の自殺リスクについても大幅に低下させる可能性があると指摘されています。部分的に不可逆的な要素を含む性ホルモン療法については、日本精神神経学会によるガイドラインでは、18歳未満の者に開始する場合には、2年以上ジェンダークリニックで経過を観察し、とくに必要を認めた場合に限定することが定められています。

Q21 LGBTQの権利を認めると、小児性愛などを認めることにつながりますか。

LGBTQの運動に反対するために「同性愛やトランスジェンダーの権利を認めれば、子どもに対して性行為を望む人たちの権利も認めなくてはいけなくなるのではないか」と主張する人がいますが、そのような言説は、そもそも人を混乱させ不安にさせるために持ち出されているものです。LGBTQという用語は性的少数者の権利回復のために使われてきたもので、LGBTQ運動の前提には人権擁護の考え方があります。そのため、子どもに対する性加害など重大な人権侵害を許容するものではありません。

Q22 LGBTQは「文化共産主義」で、社会の「性秩序を崩壊させる」思想なのでしょうか?

性的マイノリティの権利を擁護し、性的マイノリティについての正しい知識を教育の場で学べるようにしようとする運動について、それは①「文化共産主義（新しいマルクス主義）」の策謀であり、②そのねらいは性秩序や家族制度を破壊することだ、という主張がネット上や保守系雑誌などでなされることがあります。

本稿執筆時点での新しい例としては、『正論』2023年9月号への高橋史朗氏（親学推進協会会長、麗澤大学特別教授）の寄稿などがありますし、旧統一協会系の新聞『世界日報』や日本会議系シンクタンクの機関誌『明日への選択』などでも、同様の主張が複数の論者により展開されています。

高橋氏らは、ガブリエル・クビー著『グローバル性革命』（邦訳未刊行）などを根拠に、ジェンダーやセクシュアリティをめぐる革新的な政策や運動――たとえば選択的夫婦別姓制度の要求なども含みます――全般を、「文化共産主義」に由来するものと断じます。しかし日本におけるそれらの運動と「文化共産主義」との関係について、具体的な指摘はほとんどしていません。それもそのはず、性的マイノリティの権利のための運動にかかわっている人々の思想的な背景は多様であり、そうした運動を支配しているイデオロギーや組織があるわけではないからです。

高橋氏らが「文化共産主義」の脅威を語る際に、しばしば言及されるのがエンゲルスの『家族・私有財産・国家の起源』（1884年）です。これは、たしかにフェミニズムに影響を与えた古典のひとつではありますが、性的マイノリティの運動を支配するような力など持ってはいません。また、旧ソ連など現実に存在した共産主義諸国の政治体制も、性的マイノリティに対して抑圧的なものでした。「LGBT運動は文化共産主義」という主張は、「悪しきものはみな共産主義に由来する」とする右派の発想が生んだ幻影にすぎないと言ってよいでしょう。

では、②についてはどうでしょうか。ここで指摘しておきたいのは、「秩序」には二つの側面があるということです。「男は男であり、女は女である」「男は女を愛するものである」「女は女らしくふるまうべきである」など、セクシュアリティやジェンダーにかかわる「秩序」は、自分らしく生きたいという私たちの願いを抑圧することがあります。そうした抑圧をいっそう強く受けているのが性的マイノリティです。性的マイノリティの権利のための運動は、そうした抑圧的な秩序については、より抑圧的でない秩序へとつくり変えるべきであると考えます。

しかし同時に、「秩序」には私たちにとって互いのふるまいを予想可能にし、危険を避けることを可能にするという面もあります。たとえば、「アウティングは人権侵害である」という規範が広く、またしっかりと共有された社会では、性的マイノリティが自分のセクシュアリティや性自認（ジェンダーアイデンティティ）を身近な人にカミングアウトするうえでのハードルも低くなるでしょう。性的マイノリティの権利のための運動は、そのような秩序については、むしろよりしっかりと確立することを望んでいます。包括的性教育は、そうした新しい秩序をつくっていくうえで重要な役割を果たすものです。

性的マイノリティにとって抑圧的な既存の秩序――性別二元論的、異性愛主義的で男性優位な性秩序――のみを「あるべき秩序」と考える人々の目には、性自認や性的指向の多様性とジェンダー平等に基づく性秩序をめざす運動は、「性秩序を破壊しようとしている」と映るのでしょう。「ＬＧＢＴ運動は性秩序を破壊しようとしている」というのは、そのようにして生じている誤解なのです。

（能川元一／大学非常勤講師）

Q23 性暴力被害者を支援する立場からトランスジェンダーバッシングに反対する人もいるのですか。

性暴力やＤＶ被害は「ジェンダーに基づく暴力（Gender-based violence）」の典型だといわれています。性暴力は、性的欲望だけを動機とするのではなく、「性を使って」だれかに恥ずかしい思いをさせたり、無力感を味わわせたりという、いじめや支配の手段としておこなわれます。

職場における「セクハラ」という言葉が生まれた時代に起きていたのも、男性上司が女性スタッフを一人前の仕事仲間とみなさず、性的な目で品定めし、個人的な話を聞かせ、個人生活に関することを訊き出したり、仕事に関係ない用事をさせたりして、だんだんと公私混同し、ついには愛人扱いして性的行為の誘いかけをしていくというものでした。女性自身も「そのような存在としてしか見られていないこと」に気づき、自信を失っていくような経験……これに「セクシュアル・ハラスメント」という呼び名がつけられたのでした。

そして、数としてはシスヘテロ男性（シスジェンダーの異性愛男性）から女性への性暴力が多いとはいえ、シス男性（とくに少年）も被害にあいますし、性的マイノリティも性暴力のターゲットになります。とくに「男らしくない」人に対する性的ないじめは頻繁に発生していて、苛烈なものです。つまりジェンダーは、性暴力という問題にさまざまな角度で作用しています。女性は被害を受けたことを「恥」とされ、隠すよう言われますし、逆に「お前なんか（性的な魅力がないから）襲う価値がない」

という言葉でも貶《おとし》められます。男性も、「男性が被害者になるはずがない」「男性だったら傷つかないだろう」と被害を見えなくされてしまいます。性被害を受けた男性は「女になった」と呼ばれ、貶められます。

さて、性暴力やＤＶ・虐待の被害者は、加害者を想起させる人や場所などに恐怖を覚えることがあります。一人ひとりの被害者の、その苦しさについて、まわりの人間はできる限り理解してサポートしていきたいものです。これまで、トラウマを経験した人の状況を、私たちの多くは知らなすぎ、配慮がなさすぎたと思います。しかし、そのことは、特定のカテゴリーに当てはまる人、たとえば、特定の国籍や肌の色、体格、特定の地域の方言を話す人、ある髪型や服装、コロンや化粧品の匂いのする人等々を全員「加害者」と決めつけることとは別次元の話です。ましてや、シスヘテロ男性全員を加害者と同一視することにも直結しません。

性暴力を受けていい人などいません。だれに対する性暴力も許されません。とくに、「こいつらには性暴力をふるっていいのだ」という風潮が世間にあるのなら、それをこそ強く非難しなければなりません。私たちが批判の対象とすべきなのは、人を性別の枠で決めつけて下に見る社会です。そして、トランスジェンダーの人を加害者と同一視したり、恐怖を抱いたりすることは、ずいぶん昔からある「ベタ」な偏見のひとつでしかないと思うのです。

私たちがすべきなのは、すべての人を人として尊重することであって、性暴力を止めるという大義名分の下に、もう一度だれかの尊厳を踏みにじるようなやり方は、まったくもっておかしいのです。

（北仲千里／広島大学ハラスメント相談室准教授）

ＬＧＢＴグルーミング陰謀論にご注意！

子どもとかかわるＬＧＢＴＱ支援団体を攻撃するために、「あの人たちは子どもをグルーミングしようとしている」という誹謗中傷がばら撒かれることが増えています。グルーミングとは、性的な搾取を目的に子どもたちに接近して手なずける行為を指しますが、現在ではＬＧＢＴＱ団体を攻撃するために使われるレッテル貼りとしても広く流布しています。

「ＬＧＢＴグルーミング陰謀論」とも呼ばれるこの戦術は、じつは１９７０年代から使われていたものでした。１９７７年、フロリダ州マイアミ・デイド郡で、性的指向に基づく差別禁止条例が通過すると、反対者たちは「子どもたちを同性愛に引き込み、児童に対する性的虐待につながるものだ」と主張してキャンペーンを展開しました。

２０２０年代には、ＬＧＢＴＱの人々のための自殺防止ホットラインである米国のトレバープロジェクトや、イギリスのＬＧＢＴＱ支援団体らが、家族にウェブ履歴を知られずに相談できるサービスであることを根拠に「未成年をグルーミングしようとしている」と攻撃されました。また米国では、ドラァグ・クイーン(8)が図書館の「おはなし会」で絵本を読んでいることについてもグルーミングであるとして、図書館の爆破予告がなされるなどの事態に発展しています。

日本でも、LGBTQの子ども・若者の居場所を運営している一般社団法人「にじーず」が、家族にカミングアウトできない子どもが参加していることを根拠に「グルーミングしている」などと誹謗中傷を受けています。

性暴力は重要な問題であり、子どもへの加害を防止するために支援団体はあらゆる対策を講じなくてはなりませんが、そのこととLGBTQ支援団体に言いがかりをつけて活動を萎縮させることは別物です。「子どもを守れ」と言いながら、言いがかりをつけることでLGBTQの子どもたちが安心して話せる場所を奪い、結局は子どもたちの安全を脅かしている大人のふるまいが残念でなりません。

（遠藤まめた）

(8) ゲイバー等で派手なメイクと衣装で女装をしてパフォーマンスを繰り広げる（主に）ゲイ男性のこと。

3章

日本の子ども・若者の性はどんな現状にあるの?

性の多様性や性教育をめぐり、日本の子ども・若者たちはいま、どのような状況にあるのでしょうか。学校での十分な包括的性教育が保障されていない一方、インターネットやSNSの普及を通じて、コミュニケーションのあり方も、ここ20年ほどで劇的に変わっています。不確かで有害な情報も含め、ネット情報の海とつながる子ども・若者たちに焦点をあて、どのような課題や解決策、展望があるのかを本章では解説します。

Q01 性にかかわる人権とはどういうことですか。日本ではどのような現状や課題があるのでしょうか。

「**性と生殖に関する健康と権利**（セクシュアル・リプロダクティブ・ヘルス／ライツ）」という言葉を聞いたことがありますか？　英語の頭文字をとって**SRHR**（エス・アール・エイチ・アール）と略されます。性にかかわる人権を表現する言葉で、みなさんの一生にかかわるものです。

ＳＲＨＲは、二つの国連会議――国際人口開発会議（１９９４年、カイロ）と第４回世界女性会議（１９９５年、北京）の成果文書に明記され、広く国際社会に認知されるようになりました。ＳＲＨＲは、性と生殖について、私たち一人ひとりが適切な知識と自己決定権を持ち、自分の意思で必要なヘルスケアを受けることができ、みずからの尊厳と健康を守れることを意味します。

具体的には、以下のようなことです（ガットマッハー・ランセット委員会[1]の説明）。

- 自分の身体は自分のものであり、プライバシーや個人の自主性が尊重されること
- 自分の性的指向、性自認、性表現を含めたセクシュアリティについて、自由に定義できること
- 性的な行動をとるかとらないか、とるなら、その時期を自分で決められること
- 自由に性のパートナーを選べること
- 性体験が安全で楽しめるものであること
- いつ、だれと結婚するか、それとも結婚しないかを選べること
- 子どもを持つかどうか、持つとしたらいつ、どのように、何人の子どもを持つかを選べること
- 上記に関して必要な情報、資源、サービス、支援を生涯にわたって得られ、これらに関して、いついかなるときも差別、強制、搾取、暴力を受けないこと[2][3]

このようなSRHRが守られたら、安心して自分の人生を選び、歩めると思いませんか？　残念ながら、日本ではまだ課題が残ります。２０２３年の国連人権理事会の普遍的・定期的審査（ＵＰＲ）では、日本のＳＲＨＲ状況に対して改善勧告が出されました。いくつかを紹介します。

包括的性教育へのアクセスを改善すべきという勧告に対し、日本政府は「すでに学習指導要領に基づいて年齢に応じた性教育を実施しているため、ユネスコなどが提唱する包括的性教育は受け入れない」としました。しかし、現状の性教育が不十分なことは多くの指摘があるところです。性と生殖に

ついて適切な知識を学び、自分の権利を理解したうえで、SRHRを享受し行使するために必要な教育の機会を、日本の子どもや若者は保障されずにいます。

また、刑法の堕胎《だたい》罪を撤廃すべきという勧告も、日本政府は受け入れないとしました。明治時代に制定された堕胎罪は、中絶をした人自身と、中絶措置をおこなった医療従事者を罰する一方で、妊娠にかかわったパートナーを罰しないとするものです。まず、中絶を犯罪とすること自体が、身体の自己決定権および子どもを持つかどうかを選ぶ権利を妨げているといえるでしょう。

また、日本では現在、中絶は母体保護法に規定された条件に基づいてのみおこなうことができます。母体保護法で定める条件のひとつである「配偶者同意」も、妊娠した人の身体の自己決定権を妨げています。子どもを持つか持たないか、いつ持つか、だれと持つかは、人生を大きく左右する重大な選択です。妊娠した人が、自分の意志で決定する権利が守られる必要があります。

さらに、性同一性障害（GID）特例法における強制的不妊手術の撤廃を促す勧告も、日本政府は「改正には慎重な検討が必要である」として受け入れませんでした。自分の性自認について自由に定義できる権利、そして身体の自己決定権が妨げられています。当事者が長年抱える苦しみも無視した回答です。

日本でもSRHRが守られ、だれもが心身の安全と健康を保つことができるよう、市民が声をあげることが必要です。

（草野洋美／公益財団法人ジョイセフ）

（1） 米国最大級のSRHR研究所ガットマッハーと英医学誌ランセットが合同で立ち上げた「セクシュアル・リプロ

ダクティブ・ヘルス／ライツに関するガットマッハー・ランセット委員会」。 https://www.guttmacher.org/guttmacher-lancet-commission

（2） Starrs, AM, Ezeh AC, Barker G, *et al.* "Accelerate Progress—Sexual and Reproductive Health and Rights for All : Report of the Guttmacher–Lancet Commission," *The Lancet*, 391, 2018, pp. 2642-2692. https://www.thelancet.com/pdfs/journals/lancet/PIIS0140-6736(18)30293-9.pdf

（3）「『セクシュアル・リプロダクティブ・ヘルス／ライツ（ＳＲＨＲ）の新定義』のポイント」公益財団法人ジョイセフ https://www.joicfp.or.jp/jpn/column/srhr_definition2022/

参考資料

「全6回 世界におけるセクシュアル・リプロダクティブ・ヘルス／ライツ（ＳＲＨＲ）の取り組み――国際社会で揺れ動くＳＲＨＲ」公益財団法人ジョイセフ https://www.joicfp.or.jp/jpn/column/srhr-initiatives-world-01/

Q 02 日本の若者の性の現状と課題として、どのようなことがありますか。

日本における性に関する調査を見ていくと、性の健康が守られていない現状が浮かびあがります。

- 年間人工妊娠中絶件数は約13万件で、うち10代は約９０００件(4)（予定外妊娠の推計は年間約61万件(5)）
- 若者に性感染症が広がっており、とくに梅毒の感染者が急増(6)
- ＳＮＳを通した子どもの性被害は高い水準で推移(7)
- 若年層の４人に１人以上は、なんらかの性暴力被害にあっている(8)

●はじめて身体接触や性交をともなう性暴力被害にあった年齢は、16〜18歳が４割弱ともっとも多く、０〜15歳以下でも約３割が被害にあっている[9]

●10代のＬＧＢＴＱの人は、48%が自殺念慮、14%が自殺未遂を過去１年で経験している[10]

ジョイセフが２０２３年8月に若者に実施した「性と恋愛　２０２３」調査[11]では、性に関する情報源は半数以上（51・０%）がネットやＳＮＳと回答し、男女ともに、75%がセックスの悩みを抱えているという結果となりました。

１９７４年からほぼ6年おきに実施されている「青少年の性行動全国調査[12]」の２０１１年調査では、主要な性行動の経験率が、それまでのトレンドとは異なり全体的に大きく低下し、続く２０１７年調査でも青少年の性行動の不活発化がさらに進行、とくに女子でその傾向が著しく、性に対するイメージの悪化も女子において顕著でした。その背景には、ネガティブな性情報や性体験による影響も大きいのではと思います。

公益財団法人プラン・インターナショナルが２０２１年に実施した若者を対象とする調査[13]によると、いままでの性教育の印象について「重要である」と答えた人の割合がもっとも高く約80%で、「役に立つ」と答えた人も40%を超えていた一方、「内容が不十分」と答えた人は20%を超え、「恥ずかしい」と答えた人も10%を超える結果となりました。

現代の日本社会は、高い教育・医療水準と、多くの場合、患者が受診したいと思ったときに自由に受診先を選ぶことができる「フリーアクセス」が実現しているとされています。その一方で、セクシュアリティや性行為、避妊等については、未成年者が信頼できる情報を得たり、相談したりするハードルの高さがうかがえます。

日本財団の「18歳意識調査[14]」によると、避妊方法への不安を感じたことがある人のうち、「誰にも相談できなかった」人が54・6％で、実際に相談した「友人」23・8％、「相手」12・4％を大きく上回ります。さらに、保護者や学校の先生よりも、インターネットサイトの掲示板やSNSサービスを利用して相談している人のほうが多いという結果となっています。

また、若い人たちが性教育でもっと深めてほしかった内容としては、恋愛や健康的な性的関係に関する知識（40・9％）、性的反応の仕組みや性行為（セックス）に関する知識（37・6％）、ジェンダー平等に関する知識（37・1％）、性的虐待やデートレイプなど性暴力に関する知識（31・6％）、性的行為における意思決定や拒否方法に関する知識（31・5％）と幅広く、恋愛や性行為、ジェンダー平等、性暴力やそれにまつわるコミュニケーションについて知りたいというニーズがありました。

筆者は中学校・高校・大学などで、若者とともに性の健康・リレーションシップ教育の講演活動をおこなっています。受講者からは「具体的に知れてよかった」「将来のために覚えておきたい」「お互いの同意を大切にしたい」といった前向きな感想を多くいただいています。性の健康や権利について、子ども・若者たちが知りたいことを、信頼できる情報源や安心できる学習環境とともに提供することが、自分やこれからの世代が望む未来を描くスキルを育むためには重要だと感じています。

（染矢明日香／NPO法人ピルコン）

（4）厚生労働省「令和3年度　衛生行政報告例の概要」2023年。
（5）大須賀穣ら「日本における予定外妊娠の医療経済的評価」『医療と社会』29巻2号、2019年。
（6）国立感染症研究所「日本の梅毒症例の動向について」2020年。
（7）警察庁「令和3年におけるSNS等に起因する被害児童の現状と対策について」2022年。
（8）内閣府「若年層の性暴力被害の実態に関するオンラインアンケート及びヒアリング調査」2022年3月。
（9）同前、内閣府調査。
（10）認定NPO法人ReBit「LGBTQ子ども・若者調査2022」2022年。
（11）ジョイセフ「性と恋愛　2023」調査、2023年。
（12）日本性教育協会編『若者の性白書』小学館、2019年。
（13）プラン・ユースグループ「ユースから見た日本の性教育の実態調査報告書――包括的性教育を目指して」2021年。
（14）日本財団「第39回　18歳意識調査　テーマ：性行為」2021年。

Q03 子ども・若者の権利と性教育はどのようにつながっているのですか。

包括的性教育は権利に基盤を置き、ウェルビーイング（たんに病気がないことだけでなく身体的、感情的、精神的、社会的に良好な状態）の実現をめざすものです。子ども・若者の性の健康と権利、避妊と安全な中絶へのアクセスについての意識を高めること、およびジェンダーに基づく暴力と差別を防ぐことにつながります。また、成長過程における心身の変化に備え、自分で責任をもって主体的に自己管理をすることにも役立ちます。社会的かつ性的な人間関係を築くうえで尊重と同意を大事にし、助けが必要な場合の対処方法についても学ぶことで、暴力・搾取・虐待からくるリスクを減少させます。そのため、性教育は子ども・若者が主体として相手と自分自身を守ることにつながる知識を身につけ、身についた知識を実践・練習することを促すことから、彼ら・彼女らの子どもの人権を守るという意味でも非常に重要です。

特権と人権が混同されることがしばしばありますが、人権とは、どんな人であっても、その人が「人」であれば持っている、人間らしく生きるための平等と差別されない権利のことを指します。だれかの権利が他の人の権利を奪ったり、譲ったりすることができるものではないため、特権とは異なることに注意すべきです。「子どもの権利条約」では、①差別のないこと、②子どもにとって最善であること、③命が守られ成長できること、最後に④子どもが意見を表明し参加できることが重要な原則となっており、この原則は日本の「こども基本法」にも取り入れられています（日本ユニセフ協会）。どんな子どもであっても差別されず、ひとりの人間として大人と同じように人権を持っており、保護され、心身ともに成長できるための教育や環境が重要です。

また、性の健康世界学会が提唱した「性の権利宣言」においても、教育を受ける権利、包括的な性教育を受ける権利があるとし、すべての人が年齢に応じて適切な内容を学べること、そして差別に反対すべく、人権・ジェンダー平等を促進し、信頼できる、科学に基づいた包括的な情報および教育への権利を持っていることが強調されています。前述の「子どもの権利条約」の原則とも重なる部分が多く、いずれにおいても個々人のウェルビーイングと主体性、およびそれを実現するための教育が重要とされています。そして包括的性教育は、さまざまな差別について扱うことも含まれ、とりわけ社会的に周辺化された若者への性教育の機会とアクセスを改善するうえで役立ちます。

性教育を「寝た子を起こすことになる」と懸念する人もいますが、子どもたちは決して「寝て」おらず、とりわけ性情報が氾濫《はんらん》した近年においては、いつどこで、どんなコンテンツにふれているかを把握できないほどさまざまな情報にアクセスしています。

私は普段、関西圏を中心に学校や施設などで中高生や大人たちに向けた性教育をおこなっており、とりわけ学校外の施設における教育事業として、マイノリティとされるコミュニティの子どもへの性教育の活動にかかわっています。教育におけるこれまでの排除からくる低学力や集中力と語彙力の不足、「いじり」や性的タブー感の高さなど、苦戦することも多いですが、子どもたちに「自分ごと」として感じてもらうような話題を取り上げていくと、最初は興味を示さなかった子どもたちが徐々に聞き入るようになり、時には「なんで学校では教えてくれないん?」などと質問が投げかけられます。また支援者の方からも「いまの学校における性教育が昔とそんなに変わっていないということを知り、驚きました」といったフィードバックを受けます。

これらの質問には私たち大人や国が答える責任があり、さまざまな選択肢やアクセスを保障し、性の権利が実現されるための仕組みを整える必要があります。そして日本社会の課題は、外国にルーツを持つ子ども、被差別部落地域の子ども、ＬＧＢＴＱＩの子ども、障がいをもつ子どもなどが「いないこと」にされることなく、すべての子どもたちへの性教育を充実・改善させていくことにあると考えます。

（金ハリム／任意団体セクソロジープロジェクト共同代表、ＮＰＯ法人ピルコンフェロー）

参考資料
日本ユニセフ協会「子どもの権利条約」https://www.unicef.or.jp/about_unicef/about_rig.html

Q04 自分の性のあり方に悩む子ども・若者は日本にどのくらいいて、どんな悩みがあるのでしょうか。

筆者は関東圏を中心とする全国の中学校・高校等で性教育の講演をおこなっていますが、講演前に実施している無記名アンケートやメール相談では、性の多様性についての悩みや質問も寄せられます。自分のセクシュアリティが何なのかわからない、自分の身体への違和感、親にどうカミングアウトすべきか、といったものが多く、また、周囲の人の無理解・差別に対する生きづらさ・不安や、相談する場所のなさ、孤立に悩む声を多くいただきます。また、同性愛や多様な性のあり方について、友人から相談されたらどうすべきか、友人としてどうつきあうのがいいのか、といった質問もここ数年で増えてきたように思います。

２０２０年に、全国20〜59歳の計６万人を対象に電通が実施した調査[15]によると、自分がＬＧＢＴＱ＋に該当すると回答した人は８・９％でした。また、ＬＧＢＴという言葉の浸透率は80・１％と大多数になりました。しかし、「Ｌ・Ｇ・Ｂ・Ｔ」以外の多様なセクシュアリティ（Ｑ＋）についての認知度はいまだ低い現状があり、課題意識が高く積極的にサポートしたいと思っている人も一定数いますが、知識として知ってはいても、他人事という人も多いという課題が明らかになっています。

子ども・若者たちに目を向けると、認定NPO法人ReBitによる調査[16]においても、LGBTQの認知度の向上など肯定的な社会変化があった一方で、LGBTQの若者たちは次のような困難をいまだ抱え、生きづらい状況にあることが浮き彫りになったと報告されています。

●10代のLGBTQは過去1年に、48%が自殺念慮、14%が自殺未遂、38%が自傷行為を経験したと回答

●10代の全国調査[17]と比較して、10代LGBTQの自殺念慮や自殺未遂経験はそれぞれ約4倍高い

●LGBTQユースの89%が、保護者との関係で困難を経験（保護者から自分のセクシュアリティがLGBTQでない前提で話される、保護者に隠さなくてはいけないなど）

●LGBTQ学生の71%が、過去1年に学校で困難を経験（不要な男女分けや生徒・先生がLGBTQを笑いのネタにするなど）

●就職の採用選考時に、トランスジェンダーの76%が困難やハラスメントを経験

同じくReBitによる調査[18]では、LGBTQは精神障害を経験する割合が高く、自殺や生活困窮におけるハイリスク層であるにもかかわらず、LGBTQの約半数が、行政・福祉サービスを利用する必要があっても利用できていないこと。また、医療サービスを利用した際にLGBTQの約7割、トランスジェンダー男性・女性の約8割が、セクシュアリティに関連した困難を経験していることが明ら

かになっています。その結果、体調が悪くても病院に行けず、病状がさらに悪化することもあるという過酷な状況があります。

そのため、とくに教育や医療・福祉、人事に携わる人たちは、ＬＧＢＴＱの子ども・若者たちが抱える悩みやセクシュアリティについての知識や対応を学び、社会全体の理解を広げていくことが重要です。先述のＬＧＢＴＱユース対象の調査でも、「普段からセクシュアリティについて安心して話せる相手や場所がある」と回答した人は、「ない」と答えた人と比べて自殺念慮等の割合が低いという結果もありました。

このようなことからも、すべての子どもたちにとって性の多様性が尊重される学校などの環境整備や、学ぶ機会の保障、そして、プライバシーが守られ、安心してＬＧＢＴＱについて話したり相談したりできる人・場が身近にあることが重要であることがわかります。

（染矢明日香）

(15) 株式会社電通「ＬＧＢＴＱ＋調査２０２０」２０２０年。
(16) 認定ＮＰＯ法人ReBit「ＬＧＢＴＱ子ども・若者調査２０２２」２０２２年。
(17) 日本財団「日本財団　第４回自殺意識調査」２０２１年。
(18) 認定ＮＰＯ法人ReBit「ＬＧＢＴＱ医療福祉調査２０２３」２０２３年。

Q05 性的同意についての理解は日本でどのくらい広がっていますか。

筆者は２０１８年から性的同意への理解を広める活動をしています。メディアや若者の活動によって「性的同意」という言葉を知っている人は増えている実感がありますが、主催するワークショップで性的同意の定義を聞くと、説明できる人は多くありません。「性的同意をとるのは現実的に無理」「同意のとり方がわからない」「ムードがなくなってしまう」といった声をしばしば聞き、性的同意や実践方法への理解が浸透していないと感じます。

突然ですが、あなたはだれかと一緒に宅配のピザを頼むときに、どんな会話をしますか？「ピザといえば絶対Ｌサイズのマルゲリータだよね」などと一方的には決めないと思います。「お腹空いている？」「好きなものや食べられないものは？」と質問しあい、二人で楽しめるピザを選びますよね。まさにこれが、同意のあるコミュニケーションです。このように、私たちは日ごろからお互いの積極的な意思の確認をよくしています。

すべての性的言動において確認されるべき同意のことを「**性的同意**」といいます。性的言動とは、ハグ・キス・性行為など身体的なもの以外にも、性的な話題、性的な画像のやりとりなどがあります。性的同意は、異性間やパートナー関係にのみ必要なものではなく、自分や相手のジェンダー・性的指向、関係性等が何であっても必要です。

そして、同意をとる責任は「性的言動をはじめる側」にあります。なぜなら、同意を確認せずに性的言動をはじめると相手を傷つけてしまうからです。突然、性的言動がはじまると、相手はショックで体が固まってしまい、はっきりと嫌だと意思表示することができないこともあります。

では、性的同意をとるために、どんなことが大切なのでしょうか？

①同意は毎回かならずとろう

昨日は良くても今日はダメということもあります。相手の**バウンダリー**（自分と他人との適切な境界線）を越える場合は、毎回同意を確認しましょう。

②「うーん」や無言は同意じゃない

相手が無言だったり、「うーん」と口ごもったりするのは、同意ではありません。相手が同意したとわかるのは、コミュニケーションのうえで「ＹＥＳ」の意思が確認できたときだけです。

③「いいえ」と言える状態でとろう

相手が自由に断れる状況かを確認しましょう。ＹＥＳと言わざるをえない状況の「はい」は同意ではありません。自分の権力や身体的な力が優位な立場にないかを考えて、相手が断れる状況で同意を確認しましょう。

④途中でもやめよう

ある行為（例：キス）に同意があっても、相手のバウンダリーを越える別の行為（例：服を脱がせる）をするときは一声かけましょう。また、同意を確認してからはじめた言動の途中で「やっぱりやめて」と言われたら、相手の意思を尊重して、途中でもやめましょう。

⑤判断力を確認しよう

相手に性的言動に同意する判断力がない状態であれば、性的言動ははじめないでください。お酒で酔っていたり、薬の影響で判断力が低下していたり、なにかショックなできごとが起きてうまく頭が働いていないときは、正確に判断ができません。寝ている人や、低年齢（や心身の障害）等により性に関する知識や判断できる力がない人も、同意できません。

性的同意への理解が広まることと同時に、性暴力が起きそうな状況で、第三者が動くことで性暴力を防止できること（＝第三者介入）を知っておくことも重要です。第三者介入にはさまざまな方法があります（左ページ参照）。被害が起きそうな場面で、その場に居合わせたあなたが直接当事者に介入する（直接介入）だけでなく、当事者たちの注意をそらしたり（気をそらす）、自分よりも適切に介入できる別の人に助けてもらうようにお願いする（委任する）など、他者と協力して問題を回避させることもできます。被害にあったと相談されたときに、相手の話を聞いて必要な支援につなげることも大事な第三者介入です。

性暴力を許さない社会をつくっていくために、性的同意や第三者介入を知ることがとても大切ですが、いまはこれらについて子どもや若者が学ぶ機会が限られています。性的同意を知った多くの大学生から、「これを中学校のときに知れるといいのに」という感想をもらいます。だれもが自分のからだや尊厳を尊重される社会のために、包括的性教育が早急に必要です。

（中村果南子／一般社団法人ちゃぶ台返し女子アクション）

あなたは居酒屋でサークルの打ち上げに参加しました。友達のA子は、先輩からお酒を勧められて飲み続け、酔い潰れています。途中、あなたは先輩の"思惑"を感じながらも、雰囲気を壊したくないとの思いから、何もできません。一次会が終わった時点で、あなたはA子を心配しつつも終電を理由に帰宅し、無抵抗に見えるA子は、先輩に二次会へ連れて行かれます。次の日、A子に先輩から性的被害にあったことを相談されます。

A子が、被害にあわないよう、現場であなたができることは…

【3つのD】

DIRECT
直接介入する
加害者や被害者になろうとしている人に直接干渉し、事態を悪化させない。

DISTRACT
気を逸《そ》らす
加害者や被害者の注意をひいて、問題となりうる状況を回避する。

DELEGATE
委任する
適切に介入できる別の人に助けてもらうようお願いする。

まずは、自分の安全第一です！周りの状況を見て関わり方を工夫しましょう。

DIRECT
A子に「帰ろう」と声をかける、先輩に対して「それぐらいにした方が良いかも」と止めに入る

DISTRACT
先輩に違う話題を振ったり、ドリンクを"うっかり"倒して、その隙にA子を離す

DELEGATE
周りの人や店員、情報機関に相談したりする

他にも・・・
不快なボディタッチ、セクハラ発言、痴かん、などにも
【3つのD】を活用して被害を防止することができます。

3つのD(3D's)はGreen Dot Violence Prevention Strategyの一環として開発されました。詳細はalteristic.orgを参照(英語)

（出所）『あなたらしく大学生活を送るための方法～セクシュアル・コンセント・ハンドブック』（一般社団法人ちゃぶ台返し女子アクション制作、2018年）より。
https://www.chabujo.com/ でダウンロード可能

もしも被害にあったと相談されたら

私たちにできること・やってはいけないこと

Do

- ☑ 被害者が話すときは、丁寧に耳を傾ける
- ☑ どのように感じているのか話を聞く
- ☑ 泣いた時はそばに寄り添う
- ☑「あなたの話を信じる」と伝える
- ☑ 被害者の気持ちを尊重する
- ☑ あなたが出来ることを伝える

Do Not

- ☒「○○すべき」と指示したり、「性被害を克服すべき」と言わない
- ☒「どうしてそこにいたの」「何をやっていたの」等「なぜ」と迫る言葉をかけない
- ☒ 被害者の気持ちを代弁しない
- ☒ 被害者の気持ちをわかったつもりにならない

身近な人が被害にあうと、ショックを受け、どう対応してよいかわからなくなる傾向があります。まずは、落ち着いて状況を判断し、周りに助けを求めることも考えながら、相手に寄り添うことが何よりも大切です。

★ セカンドレイプ（二次被害）しない！

「もう平気でしょ」「忘れた方ほうがいいよ」などの相手に自分の価値観を押し付けるような言葉は、被害者を傷つけてしまいます。「話してくれてありがとう」「できることはなんでもするよ」などと声をかけ、被害にあった人が話しやすい環境を作ってあげてください。

★ 被害者は100％悪くない！

被害にあった人を、「そんな服着て隙を見せた」「しっかりしないから」のように原因がその人自身にあったと責めることを、被害者非難(victim blaming) と言います。無意識にやってしまう傾向がありますが、被害者をさらに苦しめたり、周りにSOSを出しにくくさせてしまうので、気をつける必要があります。

（出所）同前。

Q06 子どもや若者が性について相談したいとき、どのような相談先がありますか。

「自分のからだが人とは違って変な気がする」「生まれたときに判定された性別と、自分の思っている性別が違う」「妊娠したかもしれない」「性暴力にあってしまった。どうしたらいいんだろう」など、子ども・若者の性についての悩みや困りごとは多岐にわたります。相談先も、対面で相談できる場所、SNSやチャットでの相談、電話相談などがあり、それぞれ対応できる専門家の種類やアクセスのしやすさが異なります。いろいろな相談先を知っていることが大切です。

相談先として、もっとも身近な場所は学校の保健室です。近年は養護教諭の業務量が多く、ふと思い立って訪れても、なかなかゆっくり話せないこともありますが、あらかじめ相談時間を決めておくと、ゆっくり時間をとってもらえることが多いです。

医療機関への受診で悩みや困りごとが解決することもあります。からだの発達については小児科、思春期以降のからだと性に関する相談は婦人科や泌尿器科でできます。子どもがひとりで受診することは難しいため、大人の協力が必要となります。

婦人科では、生理痛、PMS（月経前症候群）、生理不順、なにかのイベントと生理をずらしたいときなどの生理に関する相談ができます。子どもや若者の生理に関する相談の場合、基本的には内診（器具を用いて膣《ちつ》の中をみる診察）はしません。鎮痛薬や低用量ピルの処方も受けられます。

泌尿器科では、ペニスの形や包茎、射精についての相談ができます。包茎に関しては美容外科が手術を勧める広告を出していますが、高額請求や健康被害が問題になっているため、まずは泌尿器科受診をおすすめします。

性感染症の相談も、婦人科や泌尿器科でできます。外陰部が痛い、おりものが臭う・色がいつもと違う、ペニスの先から膿が出る……などの症状がある場合は医療機関を受診しましょう。また、無症状でも、セックスをしたことがあれば性感染症にかかっている可能性があります。各自治体の保健所では、匿名かつ無料でＨＩＶや梅毒などの性感染症の検査を受けられます。自分が住んでいる自治体以外でも可能です。保健所は検査のみのため、治療が必要な場合は病院の受診が必要です。

性暴力や、ネット上での性的なトラブルやリベンジポルノなど、犯罪被害に関する相談は警察署でできます。また、これらは警察以外にも相談先があります。

性暴力に関しては、交番・警察署・医療機関がありますが、受診・警察への届け出・心のケアなどについて、まとめて電話相談できるところとして「性犯罪・性暴力被害者のためのワンストップ支援センター」があります。＃８８１０に電話すると近くのセンターにつながりますので、携帯電話などに登録しておくことをおすすめします。また、性犯罪被害相談に特化した警察の窓口は＃８１０３でつながります。性犯罪・性暴力被害者のためのワンストップ支援センターは、都道府県別の組織であり、場所によっては24時間対応ではないですが、警察の＃８１０３は24時間対応です。

性暴力を受けた場合、相談すること自体が怖くなってしまうこともありますが、できればなるべく早く、また、被害から時間が経っていたとしても、抱え込まずに相談することをおすすめします。

その他、子どもや若者が自分で相談しやすいところとしては、インターネット上のチャットやLINEでの相談があります。さまざまな項目での相談先がありますので、巻末の相談先一覧（182〜185ページ）を参考にしてください。

子ども・若者がこのような相談先を知っていることは大切ですが、「頼れる大人」がまわりにいることも重要です。相談するという行為は、子ども・若者にとって心理的なハードルが高いものです。また、「専門的なところに相談するほどじゃないけど、自分のモヤモヤをだれかに話したい」と思っている子ども・若者も少なくありません。身近にいる「頼れる大人」と話すことで、気が楽になることもありますし、あるいは、専門的な相談機関に相談したほうがいい内容だと気づけることもあります。

子どもや若者にとっての身近な「頼れる大人」とは、話をさえぎったり、途中で叱ったりすることなく話を聴き、同じ目線に立って解決法を一緒に考えてくれる大人です。必要に応じて「一緒に相談に行こうか？」「手助けできることはある？」などと、まわりの大人が声をかけ、相談につながるといいですね。

（アクロストン／医師、性教育コンテンツ制作ユニット）

Q07 子ども・若者への性暴力の理解や支援で重要なことはなんでしょうか。

性被害を受けた人のカウンセリングの仕事をしているなかで、子どもや若者への性暴力について心配したり、対応について悩んだりしている保護者や教職員などとお話しする機会があります。性暴力から子どもや若者を守りたいという思いは、みな同じです。そして、それぞれの立場でできることをしたいという意欲がある人は少なくありません。そうした方々にお伝えしたいと思っているのは、次の3点です。

①子ども・若者への性暴力の実態を知る

性暴力の実態を知ることからはじめましょう。漠然としたイメージで「不審者に気をつけなさい」と教えても、性被害は防げません。実際には、家族や知り合い、恋人といった身近な関係性のなかで性暴力は起きています。また、「大声をあげて逃げなさい」と伝えても、現実には驚きや恐怖で身がすくんで動けないものです。

性暴力は、被害者からの信用を悪用した行為です。「この人は大丈夫」と思わせて、遊びや世話、指導や愛情による行為に見せかけます。こうした加害行為を**グルーミング**（手なずけ）といい、被害者の警戒心を解くだけでなく、「親切にしてくれる相手を疑うなんて」という罪悪感をいだかせます。周囲もまた、被害者も性行為に同意していたと誤解しがちです。

しかし、性暴力とは身体的・心理的・社会的バウンダリー（境界線）を侵害する行為です。男児・男子への性暴力もあります。同性間や子どもどうしでも起こります。性暴力を予防するために女性用トイレからトランス女性を排除すべきといった主張がしばしば語られますが、このような偏見に基づく対策は現実的ではありません。

また、幼いうちは性暴力を受けたという被害認識がなくても、成長にともなって深い傷つき（トラウマ）になることがあります。早期からの被害者ケアが求められます。

②性暴力による影響を理解し、受けとめる

もしだれかに性被害を打ち明けられたら、落ち着いて話をよく聴きます。とっさのことで動揺してしまうかもしれませんが、話をそらしたり、無理に励まそうとしたりせずに、相手が言おうとしていることの理解に努めましょう。

子どもや若者は「怒られないかな」「信じてもらえるだろうか」と不安を感じています。「話してくれてありがとう」とねぎらい、「あなたは悪くない」と明確に伝えます。どんな状況であれ、性暴力は被害者の責任ではありません。グルーミングやバウンダリーについて理解していれば、被害者を責めることなく、一貫してサポーティブな立場に立つことができます。

しかし、現実にはだれにも言えずにいる被害者がほとんどです。混乱や苦しみをひとりで抱えるなかで、心身に不調をきたし、不登校や自傷行為、万引きや他者への暴力、不安定な性的関係などを示すことがあります。性暴力によって心理的な安全が損なわれると、日常生活を送ることや対人関係が困難になるからです。苦痛な感覚や感情をまぎらわすための行動化を叱責するだけでは、被害者はより孤立してしまいます。

心身の不調や行動化の背景にあるトラウマを理解することを、**トラウマインフォームドケア**（ＴＩＣ）といいます。子どもにかかわる人たちは、「何が起きているのだろう?」という姿勢を示し、本

人と一緒にトラウマの影響を整理していくことで、恥や自責感が軽減し、安全・安心の感覚が高まります。性加害をしてしまった子どもや若者の背景を理解するのにもＴＩＣは有用です。性欲や人格の問題に矮小化せず、性加害に至ったさまざまな要因を理解していく助けになります。

③支援者の安全・安心感を高める

性暴力について学んだり、支援したりすることで、大人も傷ついたり、過去の性被害を思い出したりすることがあります。とりわけ支援においては、残忍な性暴力の内容に恐怖や抵抗感をいだいたり、無力感をいだいたりするものです。支援による疲弊や、裁判等の司法的手続きに関与することにともなうストレスもあります。

こうした支援者にかかるストレスは、二次受傷と呼ばれます。支援者のメンタルヘルスのために、セルフケアに努めることはもちろん、組織的なサポート体制が不可欠です。トラウマが支援者や組織に及ぼす影響を理解するＴＩＣの視点から、支援者の安全・安心感を高めることが大切です。

（野坂祐子／大阪大学大学院教授）

参考文献

野坂祐子・菊池美奈子『保健室から始めるトラウマインフォームドケア――子どもの性の課題と支援』東山書房、２０２２年

野坂祐子・浅野恭子『性をはぐくむ親子の対話――この子がおとなになるまでに』日本評論社、２０２２年

藤森和美・野坂祐子編『子どもへの性暴力［第二版］その理解と支援』誠信書房、２０２３年

Q08 性の多様性や包括的性教育へのバッシングについて、若者はどのように受けとめているのですか。

日本の若者たち自身は、現在の性の多様性や包括的性教育へのバッシングについて、どのように感じているのか、NPO法人ピルコンがインターネット・SNSで協力を呼びかけアンケート調査をおこないました。有効回答数は58名で決して多くはありませんが、年齢は15歳〜30歳まで、女性、ノンバイナリー／無性／X、男性などさまざまなセクシュアリティの方を含みます。普段からインターネットやSNSに慣れ親しむ若い人たちの声として紹介します。

さまざまな人やメディアを通してバッシングに接触

調査をして驚いたのは、性の多様性に関して、偏見や誤解を煽る内容を見聞きしたことがあると答えた若者が86%にも上り、特定のSNSに限らず、身近な人との日常会話や既存のマスメディアも含め、複数の場が挙がっていることです（**グラフ1**参照）。

具体的な内容としては、性的マイノリティに対して嫌悪感を示したり、笑いのネタにしたりする会話、芸能人へのバッシングや政治家の失言に加え、性の多様性が進めばLGBTQに嫌悪感をいだく人が迫害される、同性婚を認めると少子化が進むといったものもあれば、トランスジェンダーの人のトイレや風呂の使用についての懸念も多く見られました。また、「女性なら家事ができないとダメ」といったLG

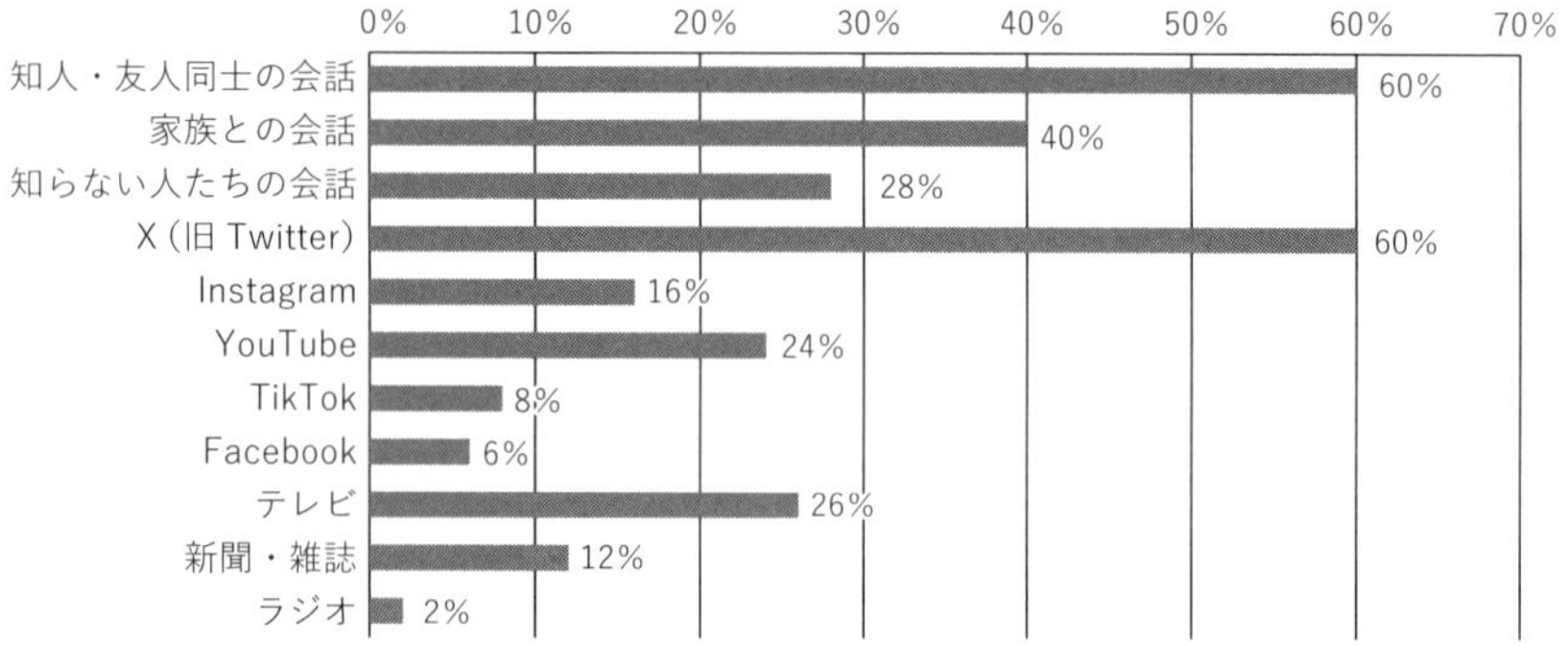

グラフ1 若者が性の多様性に関して、偏見や誤解を煽る内容を見聞きした場所
（複数回答可、n=50）

BTQに限らないジェンダー差別的な発言も見られました。

「当事者を煩わしいと思っている人たちがまわりにいると思うと、悲しいし不安になる」（20歳・性別無回答）、「特にトランスジェンダーをめぐる議論に関して、さまざまな言説や誤解を招くような記事があって、どれを信じるべきかわからない」（26歳・女性）、「知人の差別発言に対して注意したいと思っても、自分の言葉じゃ更に周りの人の当事者に嫌な思いをさせないかを恐れて結局何も言えない」（20歳・男性）、「トランスジェンダーに関する誤解、デマ、ヘイトが流布していて、そういったヘイトを表立って口にしていいという風潮が社会に形成されつつある点が不安」（26歳・男性）といった声もありました。

包括的性教育に対するバッシングとの接触経路

包括的性教育についてのバッシングを見聞きしたことがあるかを尋ねた質問では、64％が「ある」と答え、性の多様性への偏見よりは少なかったものの、２０００年代から激化した保守的な政治家によるバッシングを取り上げたものと、Ｘ（旧Twitter）などのＳＮＳを中心に、保護者への誤解や偏見を広げ

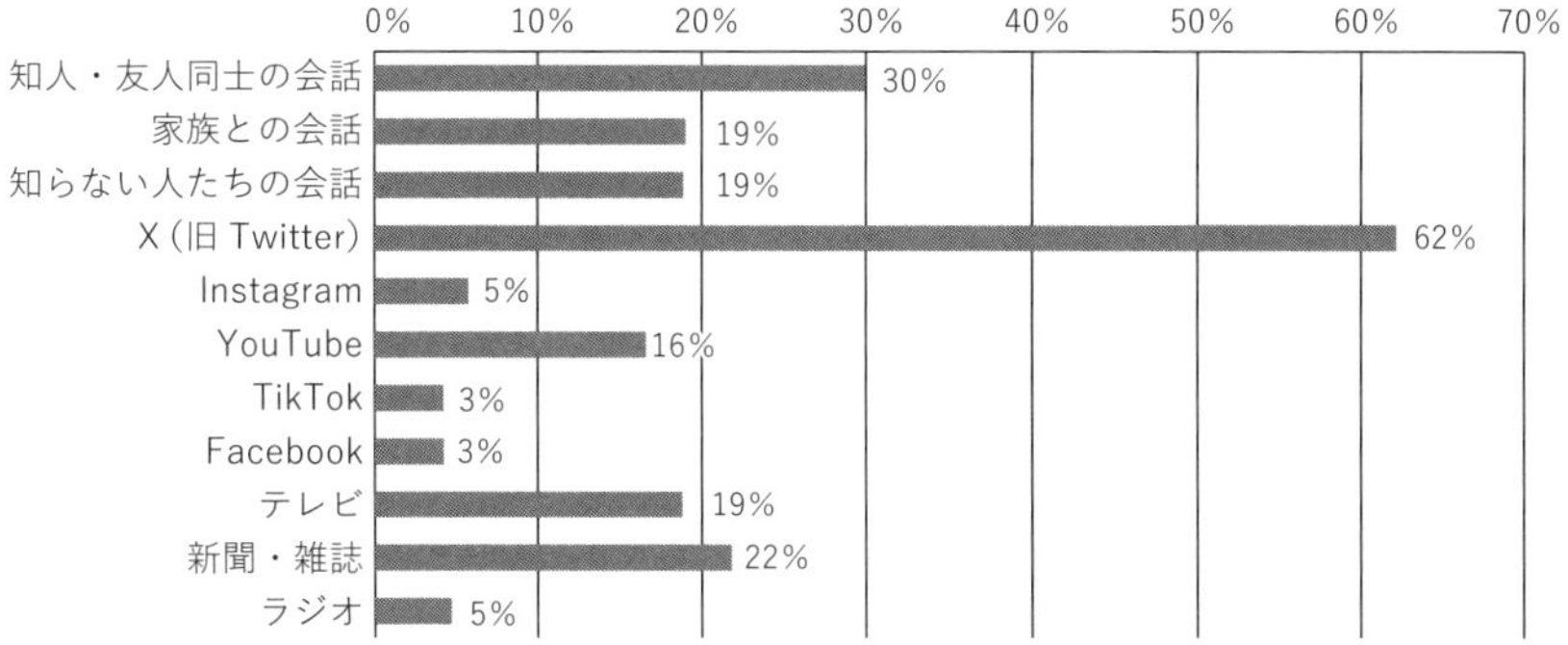

グラフ2 包括的性教育についてのバッシングを見聞きした場所
（複数回答可, n=37）

る発信を指摘する声が多く見られました（**グラフ2**）。

見聞きした発言について、性教育自体への理解のなさや、「包括的性教育を、過度なジェンダーフリーとみなし既存の家族観を破壊するものとみなす」「性教育は性行為を推奨するもので、子どもには不適切」といった旧来型のバッシングに加え、「包括的性教育が（SNSの）トレンドにあったので見に行ったら、過激な性教育みたいな投稿を多く見た」（23歳・女性）「ペドフィリア（小児性愛）も性の多様性であると教え込むとか、幼い年齢から様々な性について教え、その子の性の自認に混乱をまねく」（25歳・女性）『小学生くらいの年齢からセルフプレジャーのやり方を教えて強要するなんて！　それこそ性暴力じゃないか！』というようなコメントを見ました」（21歳・女性）など、不安や誤解を煽る発言について、若い人たちもSNS等で目にしていることがわかりました。

信頼できる情報源やファクトを広げよう

そして、このような状況に対して、バッシングに対抗するためのファクト（証拠・科学的根拠）がほしい、教育機関や自治体の取り組みを知りたい、学習したいといった声も多くありました。本書もその一助になることを願いますし、私たちも若い人たちとともに、市民団体や専門家、アクティビストなどが連携しながら学ぶ場をつくっていきたいと思います。

（染矢明日香）

Q09 若い人たちが相談・支援を受けやすい工夫として、どのようなことが考えられますか。

「困ったら相談を！」10代のころ大人からよく聞いたフレーズのひとつではないでしょうか。実際、10代のころは、こころ、からだ、性、人間関係などさまざまな面で、新しいことに直面して戸惑ったり、個々の苦しみをどう解消すればいいのかわからず悩んだりします。そんなとき、頼れる大人に相談できると解決法が見つかる場面は少なくないと思います。一方で、そうした悩みを抱えていても、実際にだれかに相談しようとはなりにくいのも、よくあることではないでしょうか。

性にかかわることはとくに顕著で、たとえばガットマッハー・ランセット委員会が２０１８年５月に発表した報告書“Accelerate Progress: Sexual and Reproductive Health and Rights for All”でも、若者はとくにＳＲＨＲに関するケアにアクセスしにくいグループのひとつとされ、「若者が差別を受けずに性と生殖の健康にかかわる情報とサービスにアクセスできるようにする」ことの重要性が書かれています。

若者がアクセスしやすいケアは、「**ユースフレンドリー**」などと呼ばれて国際的に発展してきました。WHOにおける議論のはじまりは1990年代。若者向けのヘルスケアの専門家が集まるなかで、世界中で若者は医療にアクセスしにくいグループであると明らかになり、それ以降、研究が進みました。

その結果をまとめた文書のひとつが、「ユースフレンドリーなヘルス・サービスの実現：青少年にやさしいヘルス・サービスのための国家品質基準の開発」（WHO、2012年）[19]です。そこでは、若者が行きやすい、ユースフレンドリーなヘルスケアの実現には、大きく分けて以下の五つの点が重要とされています。

①公平であること（equitabe）

一部の選ばれたグループだけでなく、すべての若者がヘルス・サービスを入手できること。例：社会的な立場や地位にかかわらず、すべての若者に同じ気配りとリスペクトをもって接するなど。

②利用しやすいこと（accessible）

若者がヘルス・サービスを入手できること。例：利用しやすい価格、受付時間、情報提供など。

③受け入れやすいこと（acceptable）

ヘルス・サービスが若者にとって入手したくなるものであること。例：プライバシーの保障やノン・ジャッジメンタル（勝手な決めつけをしない、また、それに基づく頭ごなしな否定や叱責等をしない）で、思いやりがあり、親しみやすい態度など。

④適切であること（appropriate）

若者が必要としているヘルス・サービスが適切に提供されること。例：関連する多様な職種が連携することなど。

⑤効果的であること（effective）

適切なヘルス・サービスが適切な方法で提供され、かれらの健康にプラスとなる貢献がなされること。例：エビデンスに基づくガイダンスの使用、十分な時間の確保など。

なかでも、プライバシーを軽視したり、大人が「普通」「正しい」と思う価値観を一方的に押しつけたりして若者を尊重しない姿勢は、若者が二度と相談に来なくなる大きな原因とされています。

しかしながら、日本ではまだこの分野の取り組みが遅れているとの問題意識から、２０２２年にはＮＰＯ法人ピルコンが「ユースヘルスケアアクション」と題して、上記ＷＨＯのガイダンスの翻訳版や、スウェーデン、オランダを含む国内外の専門家やユースの協力を得て製作した「ユースフレンドリー講座」、実践に役立つリーフレットなどの提供をはじめ、ユースフレンドリーの輪を広げています。[20]

若者に「なぜ相談しないのか」と問う前に、「自分の価値観は？」「自分の価値観を相手に押しつけてない？」と、まずは自分たちの姿勢から見つめ直してみませんか。

（福田和子／#なんでないのプロジェクト代表）

(19)「ユースフレンドリーなヘルス・サービスの実現：青少年にやさしいヘルス・サービスのための国家品質基準の開発」ＷＨＯ、２０１２年 https://www.who.int/publications/i/item/9789241503594

(20) ユースヘルスケアアクション　ウェブサイト https://youthhealthcareaction.org/

Q10　性の多様性や包括的性教育について学んだり、活動に参加したりするには、どのような場がありますか。

若者や大人が性の多様性や包括的性教育を学んだり、それらの理解を広げていく活動をしたりする選択肢として、いくつかの方法があります。ＳＮＳがかならずしも安全に情報収集や発信をできるツールではなくなったいまだからこそ、リアルのつながりや居場所があることが安心にもつながるはずです。

①メディアや書籍から学ぶ

性教育やＬＧＢＴＱについての情報を発信しているウェブメディアや雑誌もあります。まずは、そういったところから知識をつけるのもひとつの方法です。また、網羅的に知識を得るには書籍もおすすめです。所属する団体や関心を共有するグループがあれば、読書会等を開催するのもいいでしょう。ひとりで読むのは大変な書籍も、分担して読んだり、感想を交流しあったりできます。

〈おすすめのメディア〉

●セイシル（https://seicil.com）
ＴＥＮＧＡヘルスケア社が運営する10代の性のモヤモヤに答えるサイト。

●AMAZE（https://amaze.org/jp）
アメリカの性教育団体が作成し、ピルコンが日本語訳をつけた性教育動画集。さまざまなテーマの短い動画が60本ほど無料で閲覧できる。

●パレットーク（www.instagram.com/palettalk_/）
ジェンダーやセクシュアリティについての情報をわかりやすくマンガで発信。

●PRIDE JAPAN（www.outjapan.co.jp/pride_japan/）
OUT JAPANが提供する、LGBTQ＋アライの方たちに向けたLGBTQ情報サイト。

●IWAKAN（https://iwakan-magazine.com）
世の中の当たり前に対する〝違和感〟を問いかける雑誌。ポッドキャスト番組も配信。

②勉強会・イベントに参加する

市民団体や自治体、大学、学会等で主催される勉強会やイベントに参加することで、最新の情報を知ることができます。オンライン・オフラインのどちらも選ぶことができるイベントや、オンラインコミュニティのある団体もあります。

ひとことで性教育と言っても幅広いですが、民間団体として、筆者が代表を務めるNPO法人ピルコンのほか、〝人間と性〟教育研究協議会（性教協）、日本家族計画協会なども勉強会やセミナーを企画しています。LGBTQの子どもや若者の居場所づくりをしている団体もあるので、まずは対象や趣旨を確認したうえで、開催日に行ってみるのもいいと思います（「LGBT　ユース」などで検索すると出てきます）。

大学によっては性教育やジェンダー、LGBTQなどをテーマにする学生サークルのほか、ジェンダー研究所やセンターがあるところもあります。自治体では、地域の男女共同参画センターなどで勉強会やイベントを開催しているほか、付属の図書館でもジェンダー関連の書籍が充実していたり、地域の団体の紹介をおこなっていたりすることもあります。

③サークルやグループに所属する

とくに若い人たちの場合、いいなと思うサークルやグループがあれば、そこに所属して活動をするのもおすすめです。さまざまなNPO・NGOや、性教育や性の多様性について学び発信する団体、大学のサークル活動など、自分の興味や期待する雰囲気に合ったところが見つかるかもしれません。また、企業内でもダイバーシティ&インクルージョンの推進に注力し、部署や有志のグループをつくっているところもあります。そうした団体に所属することで、自分の得意なことを発揮して貢献し、個人では難しかった勉強会の企画や発信、調査なども力を合わせて実行でき、また、すべての人が自分らしく安心できるコミュニティづくりにつなげていくことができます。

一方で、そのような団体やグループにおいても、アウティングやハラスメントが起こる可能性も、残念ながらゼロではありません。団体の規約や内部の相談窓口があるか、問い合わせの際に確認しておいたり、相談や改善事項を建設的に話せる土壌があるかについても、その団体を見極めるポイントとして考慮に入れておくといいでしょう。

（染矢明日香）

性教育・性の健康と権利にまつわる施策に若者がかかわる意義とは

性教育や性の健康と権利（ＳＲＨＲ）にまつわる施策に、若者がどのようにかかわるべきで、どのような効果が期待できるのでしょうか。Ｑ09で紹介したＷＨＯの若者にやさしいヘルス・サービスの提供に関するガイドラインでも、施策のプランニング、実施、モニタリング、すべての過程における若者の参画の重要性は、とくに「受け入れやすさ」の面で強調されています。

●ヘルス・サービスの設計、評価、提供に若者が積極的に関わること

若者に、ヘルス・サービスを受けた際の経験を共有し、自分たちのニーズや希望を表明する機会が与えられているということ。若者が、ヘルス・サービスの提供において、特定のしかるべき側面に関与している、ということ。

若者がサービス提供の評価に参画し、また実際にサービス提供に参加することは、ヘルス・サービスを若者のニーズにより敏感にきめ細やかに反応することに役立ちます。

COLUMN

当事者抜きで決められた政策やシステムは、たいてい、当事者のニーズを把握しきれず、実際には使いにくかったり、困りごとに対応できなかったりします。障害者の当事者運動の中でも「Nothing about us without us（私たち抜きに私たちのことを決めないで）」が言われて久しいとおり、ユースの文脈でも同様なのです。ＳＲＨＲの分野の場合、「youth-led＝若者主導」という言葉もしばしば使われます。世界人口の約半分は30代以下の若者で、若者が脆弱《ぜいじゃく》な立場に置かれやすいことも踏まえれば、当然かもしれません。

同時に、包括的性教育の国際的指針『改訂版　国際セクシュアリティ教育ガイダンス』でも、当事者中心、つまり「学習者中心」のあり方が重視されています。ここでの学びは一方的な「指導」を指しません。学びとは、教わった内容や自分の経験について、学習者が自分の持つ知識を使って批判的（クリティカル）な視点もまじえて振り返り、自分の人生をじっくり見つめ直す機会であるとされています。若者の参画なくして、包括的性教育は成立しないのです。

若者を意思決定の中心にすえた性教育やＳＲＨＲ施策を推進し、若者が「自分の声には意味がある！」と実感できる性教育や施策づくりをしてこそ、「あなたは大切」という言葉が実感をもって伝わるのではないでしょうか。

（福田和子）

4章

包括的性教育って、どんな性教育なの？

最近、性教育に関する報道や解説、SNSなどで「包括的性教育」という言葉を目にすることが増えたのではないでしょうか。本章では、包括的性教育がほかの性教育一般とはどう違うのか、その教育を進めることが日本の現実にとってどのような意味があるのか、実際に広げていく展望はどのようなものなのかなどを中心に広く考えていきます。

Q01 包括的性教育の「包括的」とはどういうことですか。普通の性教育とは違うのですか？

包括的性教育と日本の「普通」の性教育

包括的性教育は、英語で「Comprehensive Sexuality Education」と言います。このcomprehensiveが「包括的」を意味します。結婚までセックスしないことに限定する「**禁欲主義**（abstinence only）」教育に対抗する性教育です。日本のこれまでの性教育も、多くは禁欲主義の枠内でした。理解のために、日本の「普通」の性教育を、包括的の対義語である「限定的」「排他的」という側面から考えていきましょう。

「限定的」な側面

日本の教育において、高校の教科「生物」では人間に関する記述は少なく限定的です。性の分野でも、現行の学習指導要領には、いわゆる「**はどめ規定**」があり、小学校5年生の理科では「受精に至る過程は取り扱わない」、中学校1年生の保健体育科では「妊娠の経過は取り扱わない」と記載され、人間の誕生のしくみである性交の扱いを限定し、事実上禁止しています。恋愛などの人間関係も、教育の枠外に置かれています。

「排他的」な側面

現行学習指導要領では、小学3・4年生の体育教科で「思春期になると異性への関心が芽生える」、中学保健体育では「身体の機能の成熟とともに異性への関心が高まったりする」と記載され、異性愛主義に偏っています。改訂時のパブリックコメントに寄せられた、性の多様性を加えるべきとの訴えに、文科省は「保護者や国民の理解などを考慮すると難しい」（朝日新聞2017年3月31日朝刊）と、記述の変更を拒否し排除しました(1)。

人間の性は多様です。たとえば性行動の目的や理由をみても、生殖、コミュニケーション、さらにマイナス面である支配や暴力もあり、多様です。日本の学校における性教育は、これらのうち生殖だけを正当として、結婚した男女による、子どもを産み育てるための性のみに限定し、ほかを排除してきたのです。ですから、子どもたちは性的存在から除外され、教育内容は生命尊重（性交抜き）・二次性徴などで、時間数も少なく、家庭や地域との協働も限定的でした。

『ガイダンス』の「包括的」が意味するもの

「包括的」の意味に「すべてを含む」があります。ですから「包括的」は、日本のような限定や排除の壁を取り払い、「すべてを含んで」いくという、学習者が多様に深く学ぶ権利を保障する意味で使われています。ユネスコの『改訂版　国際セクシュアリティ教育ガイダンス』（以下『ガイダンス』と略）では、包括的性教育の「包括的」ということについて次のように解説しています。

包括的セクシュアリティ教育は、セクシュアリティについて包括的で正確、科学的根拠に基づき、かつ、各年齢に適した情報を得る機会を提供する。これには、性と生殖の健康に関する問題、例えば、性と生殖に関する解剖学および生理学、前期思春期と月経、生殖、現代的避妊、妊娠および出産、HIVとAIDSを含む性感染症が含まれるが、これらに限定されるものではない。包括的セクシュアリティ教育は、一部の社会的および文化的文脈で難しいとされるトピックも含み、すべての学習者が知っておくべき重要なトピックの全範囲をカバーする。また包括的セクシュアリティ教育は、健康とウェルビーイング（幸福）のための分析的なものの見方やコミュニケーション、その他のライフスキルを向上させることにより、学習者のエンパワーメントをサポートする。それは例えば、セクシュアリティ、人権、健康的で尊敬し合う家族生活や対人関係、個人的かつ共有的な価値観、文化的・社会的規範、ジェンダー平等、反差別、性的行動、暴力とジェンダーを基にした暴力（GBV）、同意とからだの保全、児童・早期・強制婚（CEFM）や女性性器切除／切断（FGM／C）のような性的虐待や有害な慣習などに関連するものである。「包括的」

とは一回限りの授業や介入ではなく、トピックの幅広さと深さ、および教育を通じて学習者に経年的に提供される内容も指す。[2]

この解説を読むと、「すべてを含む」ことの意味がよく理解できるのではないでしょうか。

（関口久志／性教協幹事）

（1）関口久志「学習指導要領」『季刊セクシュアリティ』103号、2021年、136ページ。
（2）ユネスコ編『改訂版　国際セクシュアリティ教育ガイダンス』浅井春夫ほか訳、明石書店、2020年、29ページ。

Q02　包括的性教育とは、何をめざす教育なのですか。

国際的教育目標と包括的性教育

第二次世界大戦の反省から、国際社会の教育目標は、平和のもとに子どもたちの権利を保障していくことを基本にしています。

世界人権宣言（1948年12月10日国連総会採択）では、2項で「教育は、人格の完全な発展並びに人権及び基本的自由の尊重の強化を目的としなければならない。教育は、すべての国又は人種的若《も》しくは宗教的集団の相互間の理解、寛容及び友好関係を増進し、かつ、平和の維持のため、国際連合の活動を促進するものでなければならない」とされています。

子どもの権利条約

（1989年国連総会採択、90年発効）でも、教育の目的は「子どもが自分のもっている能力を最大限のばし、人権や平和、環境を守ることなどを学ぶためのもの」（29条）とされています。包括的性教育は、国際社会でこれまで確認されてきた子どもたちの権利を「普遍的人権」として、性の面でも全面的に保障していくことをめざしています。

『ガイダンス』には、包括的性教育の目的として「健康とウェルビーイング（幸福）、尊厳を実現することであり、尊重された社会的、性的関係を育てることであり、かれらの選択が自分自身と他者のウェルビーイング（幸福）にどのように影響するのかを考えることであり、そしてかれらの生涯を通じて、かれらの権利を守ることを理解し励ますことである」（邦訳28ページ）と明記されています。

この目標達成のための基本的要素として、◉科学的に正確であること◉徐々に進展すること◉年齢・成長に即していること◉カリキュラムベースであること◉包括的であること◉人権的アプローチに基づいていること◉ジェンダー平等を基盤にしていること◉文化的関係と状況に適応させること◉変化をもたらすこと◉健康的な選択のためのライフスキルを発達させること、の10項目をあげています（28〜31ページ）。

子どもの権利に背く日本の教育行政

戦後の日本も、日本国憲法の精神に則《のっと》り、個人としての国民の育成を教育の目的として、旧教育基本法の第1条（教育の目的）で「教育は、人格の完成をめざし、平和的な国家及び社会の形成者として、真理と正義を愛し、個人の価値をたつとび、勤労と責任を重んじ、自主的精神に充ちた心身ともに健康な国民の育成を期して行われなければならない」とし、同第10条では、教育行政による教育内容への介入を違法としていました。しかしその後、反動化が強まり、２００６年、第一次安倍政権によって改定された教育基本法では、教育の目標に「愛国心」が入り、教育行政による教育内容への介入も許容されるようになりました。この改定時に、時を同じくして大規模に吹き荒れていた性教育バッシングの嵐は、教育内容への介入と教育基本法改定を後押しする役割を果たしました。

このような戦後日本の逆流は、子どもたちを権利の主体ではなく、国民としての義務を果たし、国にとって役立つ人材にすることを目的とし、そのための管理の対象として位置づけようとするものでした。それは教育の面だけでなく、２００２年制定の「健康増進法」第2条（国民の責務）で「国民は、健康な生活習慣の重要性に対する関心と理解を深め、生涯にわたって、自らの健康状態を自覚するとともに、健康の増進に努めなければならない」と定め、健康を個人の権利ではなく国民全員の義務・責任としていることとも共通しています。

このような流れのなかで、日本における包括的性教育の導入とジェンダー平等実現は大きく遅れ、とても先進国とはいえないレベルで低迷しています。それに対して、国連の子どもの権利委員会や女性差別撤廃委員会、障害者権利委員会からは、日本政府に対し「包括的性教育の実施」を求める厳しい勧告が出されています。人権面でのこのような不名誉な地位を返上するためにも、包括的性教育の早期実現を急ぐ必要があります。

（関口久志）

Q 03 包括的性教育はいつごろからはじまり、どんな国でおこなわれているのですか。

アメリカ合衆国での包括的性教育

包括的性教育は20世紀のアメリカではじまりました。プリシラ・パルディーニの『性教育の歴史』によると、「1955年、アメリカ医師会（AMA）は全米教育協会（NEA）と共同で、学校向けの『性教育シリーズ』という五つのパンフレットを発行しました」とあります[3]。現在確認できるなかでは、これがアメリカにおける最初の包括的性教育のテキストと考えられます。

1964年、SIECUS（シーカス、アメリカ性情報・教育協議会）がメアリー・S・カルデローネ博士らによって設立されました。SIECUSは、すべての学校の教育プログラムの重要な部分として包括的性教育を推進していきます。SIECUSによる包括的性教育のひとつの到達点が、1991年に発行された「包括的性教育のためのガイドライン：幼稚園から12年のグレード」です。このガイドラインはいくつかの言語に翻訳され、多くの国で採用されています。現在は第3版が発行されています[4]。

このような到達点を踏まえ、ユネスコなどの国際機関によって、包括的性教育の国際的な指針というべき『国際セクシュアリティ教育ガイダンス』が発行されました（2009年初版、2018年改訂版発行）。この『ガイダンス』は、ユネスコ（国際連合教育科学文化機関）や、UNAIDS（国連合同エイズ計画）、ＵＮＦＰＡ（国際連合人口基金）、ＵＮＩＣＥＦ（国連児童基金）、ＷＨＯ（世界保健機構）が連携して作成されました。

ヨーロッパでの包括的性教育

ヨーロッパの学校における性教育は、スウェーデンでの義務化（１９５５年）を最初として、現在までに多くの国で導入されていますが、国によって性教育の概念や名称、内容はさまざまです。

２００６年、ドイツ連邦健康教育センター（ＢＺｇＡ）と世界保健機関のヨーロッパ地域（ＷＨＯ／ＥＵＲ）により、性教育についての会議が、26か国１００名以上の専門家の参加で開催されました。そこで「包括的セクシュアリティ教育を、初等・中等教育学校の両方で……必修科目とすること」が勧告され、「ヨーロッパにおけるセクシュアリティ教育のためのスタンダード」（略称「ヨーロッパ標準」）がつくられました。(5) ２０１８年、ＢＺｇＡと国際家族計画連盟欧州ネットワーク（ＩＰＰＦ　ＥＮ）により、ヨーロッパ25か国を対象に、セクシュアリティ教育に関する調査結果が発表されました。これによれば、公的な学校教育の場でのセクシュアリティ教育は、２０００年以降に大きな進展があったと報告されています。(6)

オセアニア地域での包括的性教育

オーストラリア各州でおこなわれている性教育は、性の健康、性的アイデンティティ、人間関係、リプロダクティブ・ヘルス等を含む包括的な内容となっています。(7)

ニュージーランドでは、「人間のつながりと性の教育」という、1～13歳までの教育カリキュラムが実施されています。ここでは、価値観や法律、他者との関係のあり方などについて学ぶことをめざしています。また、ジェンダー、民族、身体・精神機能なども含んだ包括的な内容になっています(8)。

東アジア地域での包括的性教育

『ガイダンス』は東アジア（台湾・中国・韓国）にも影響を及ぼしています。

中国では、性教育は「健康教育」「道徳教育」「思春期教育」の三つの科目の教習内容にあたると「義務教育法」で定められています。包括的性教育の内容を持った教科書が発行・採用されていますが、それに対する批判もあり複雑な状況です(9)。

台湾の性教育は、２００４年に制定された「性別平等教育法」を法的根拠としています。適用対象は小学校から大学までとされており、全国の小中高で「ジェンダー平等教育」が実施されています。性の多様性も扱う内容に対しては、保守派からのバックラッシュも起きています(10)。

韓国で２０２１年に改正された教育基本法は、「両性平等意識の向上のために、性教育、性認知教育、性暴力予防教育を含む両性平等教育を体系的に実施する」ことを明示しています(11)。実際の教育内容をめぐっては、包括的性教育の立場と、バックラッシュに妥協的な「性教育標準案」とのあいだで、せめぎあいがあります(12)。

このように、日本も含む東アジア地域には、包括的性教育を進めていくうえで共通の困難さがあるといえます。

（水野哲夫／性教協代表幹事）

(3) https://rethinkingschools.org/articles/the-history-of-sexuality-education/
(4) https://annexteenclinic.org/2017/08/16/comprehensive-sex-ed-in-u-s-schools-a-brief-history-2/
(5) 参考：森脇裕美子「欧州におけるセクシュアリティ教育充実への取組み」『現代性教育研究ジャーナル』15号、２０１２年。
(6) 参考：野津有司「欧米のセクシュアリティ教育事情と『日本型包括的性教育』を考える」『現代性教育研究ジャーナル』１４８号、２０２３年。
(7) https://www.sexeducationaustralia.com.au/
(8) https://hpe.tki.org.nz/guidelines-and-policies/relationships-and-sexuality-education/
(9) 参考：郭立夫「中国における性教育制度と検閲」『季刊セクシュアリティ』１０６号、２０２２年。
(10) 参考：福永玄弥「ジェンダー平等教育、あるいは『孤立無援の島』の試み」『季刊セクシュアリティ』１０６号、２０２２年。
(11) 参考：李明花「２０２２年韓国社会における性教育」『季刊セクシュアリティ』１１０号、２０２３年。
(12) 参考：禹玉英「韓国の学校における保健教育と性教育」『季刊セクシュアリティ』１１０号、２０２３年。

Q04 包括的性教育は日本ではおこなわれているのですか。学習指導要領との関係はどうですか。

包括的性教育の実践は、教育現場においておこなわれてはいます。しかし、学習指導要領では、いわゆる「はどめ規定」がいまだに残っている状況にあります。

「はどめ規定」とは、学習指導要領の中に見られる、「妊娠の経過は取り扱わない」という教育内容を限定した規定のことです。生殖について、月経や射精、そして妊娠や避妊、中絶については教える内容として明記している一方で、「どうしたら妊娠するのか」という、いわば生殖にかかわる核となる部分を教えないように、教育内容を限定している点に問題性があります。私たちが生まれるまでの過程のなかで、不自然に、妊娠にいたる行為としての性交を教育内容の中で取り扱わないとするのが「はどめ規定」です。

この「はどめ規定」に関しては、2022年10月26日に開かれた国会の文部科学委員会でも論じられています。立憲民主党の菊田真紀子議員が、永岡桂子文科大臣（当時）に「はどめ規定」を撤廃するか尋ねた際、次のように永岡文科相は答えています。

永岡文科大臣　学校におけます性に関する指導に当たりましては、個々の生徒間で発達の段階の差異も大きいこと、また、児童生徒や保護者、教職員が持つ性に対する価値観がまた多様でございます。本当にそういう中でございますので、集団で一律に指導する内容と、個々の生徒の抱えている問題に応じまして個別に指導する内容とを区別をして指導することとしているところでございます。

（中略）撤廃することは考えておりません。

以上のやりとりを見ても、はどめ規定を撤廃するつもりがないことがわかります。そして、いわゆる「寝た子を起こすな」論と「発達段階」を言い訳に性教育をさせないことは深く関連していることがわかります。

そこでおさえておきたいのが、都立七生養護学校（当時）でおこなわれていた「こころとからだの学習」をめぐって争われた裁判の判決です。以下の判決は、性教育を進め広げるための重要な後押しとなっています。

性教育は、教授法に関する研究の歴史も浅く、創意工夫を重ねながら、実践実例が蓄積されて教授法が発展していくという面があり、教育内容の適否を短期間のうちに判定するのは、容易ではない。しかも、いったん、性教育の内容が不適切であるとして教員に対する制裁的取扱いがされれば、それらの教員を委縮させ、創意工夫による教育実践の開発がされなくなり、性教育の発展が阻害されることにもなりかねない。

（「平成17年（ワ）第9325号、同第22422号損害賠償等請求事件」地裁判決要旨より）

本件の中心的な争点のひとつとして、「発達段階に応じた性教育」ということを挙げることができる。（中略）知的障害を有する児童・生徒は、肉体的には健常な児童・生徒と変わらないのに、理解力、判断力、想像力、表現力、適応力等が十分備わっていないがゆえに、また、性の被害者あるいは加害者になりやすいことから、むしろ、より早期に、より平易に、より具体的（視覚的）に、より明瞭に、より端的に、より誇張して、繰り返し教えるということなどが「発達段階に応じた」教育であるという考え方も、十分に成り立ち得るものと考えられ、これが明確に誤りであるという根拠は、学習指導要領等の中には見いだせないし、その他の証拠によっても、そのように断定することはできない。

（「平成21年（ネ）第２６２２号各損害賠償等請求控訴事件」高裁判決より）

たしかに「はどめ規定」は存在していますが、学習指導要領は「大綱的基準」であり、学習指導要領の内容を超えて教えることにも問題はありません。また、地裁・高裁判決では「むしろ、より早期に、より平易に、より具体的（視覚的）に、より明瞭に、より端的に、より誇張して、繰り返し教えるということなどが『発達段階に応じた』教育である」と、包括的性教育実践をしていくことを支持しているのです。「はどめ規定」を撤廃するための教育運動を進めることと並行しながら、一方で、「ここから裁判」の地裁・高裁判決を支えに、包括的性教育を推し進めていく歩みを止めないことが重要です。

（堀川修平／埼玉大学非常勤講師）

Q05 包括的性教育は、子どもたちに性自認の混乱をもたらし、10代の性交渉や性感染症の増加を引き起こしているというネット記事を読みましたが本当ですか。

事実ではない、いわゆる「デマ」と呼ばれる類の情報です（子どもたちの性自認に関する正確なデータに関しては、本書の第1・2章を参照してください）。

前提として、デマ（流言）の広がりは、「重要さ（importance）」と「曖昧さ（ambiguity）」の掛け算によってとらえられると、流言研究の始祖であるオルポートとポストマンは論じています（*The Psychology of Rumor*, 1947　邦訳『デマの心理学』岩波書店、１９５２年）。このようなデマが広がってしまうのは、情報を欲している（重要さ）人が多く、なおかつその情報が明確ではない（曖昧さ）ことが要因にあるのですが、重要なのは、先の広がりが「掛け算」で示されているということです。つまり、「重要さ」か「曖昧さ」がゼロに近づけば、広がりは小さくなるということを示しています。ここでは、包括的性教育のもたらす効果を示して、「曖昧さ」をゼロに近づけたいと思います。

包括的性教育の指針を示した『改訂版　国際セクシュアリティ教育ガイダンス』は、その副題を「科学的根拠に基づいたアプローチ」としているように、包括的性教育の実践内容や、実践を進めることによって得られる効用を、科学的なデータに基づいて示しています。とくにこの点に関しては、第4章「科学的根拠に基づいた包括的セクシュアリティ教育」に示されています（邦訳56–63ページ）。

第4章では、包括的性教育の影響についての科学的根拠が示されています。ここで示されている結果は、ユネスコの委託によって２００８年と２０１６年に実施された二つの科学的根拠のレビューに基づいているといいます[13]。

たとえば、包括的性教育の実施によって、性行為やリスクの高い性的行動、性感染症やＨＩＶの罹患率は増加しないことを示しています。これらの行動や感染を避けるための知識やスキル、意識を向上させること、また医療サービスにつながる意識を向上させることも示しています。その一方で、禁欲のみを推進する教育は、初交年齢を遅らせたり、頻繁な性行為を減少させたり、パートナーの数を減少させるのには効果がないことも示しているのです。

以上のように、２０１６年のレビューは、カリキュラム（教育課程）に基づく包括的性教育に関するプログラムが、次のような結果を導くことを再確認しています。初交年齢の遅延、性交の頻度の減少、性的パートナーの数の減少、リスクの高い行為の減少、コンドームの使用の増加、避妊具の使用の増加が再確認された点です。

改訂版『ガイダンス』では、包括的性教育の根幹におかれる科学的根拠はこれからも進歩し、今後さらに注目される分野があることも指摘しています。たとえば、身体的・認知的な障害のある若者や、ＨＩＶとともに生きる若者、ＬＧＢＴＩの若者を含む、すでに社会で周縁に置かれているグループを対象とした、包括的性教育カリキュラムの効果に関しては限られた情報しかないことも自覚しており、それらをのりこえていくことです。

研究の到達点を踏まえたうえで、２０１６年の科学的根拠のレビューにおいて、包括的性教育によってセクシュアリティや行動、妊娠やＨＩＶや他の性感染症のリスクなど、多角的な側面の知識の向上にポジティブな効果があることが証明されていることは再確認しておきましょう。

（堀川修平）

(13) ２００８年の科学的根拠のレビューは、世界中で実施された87の研究結果に基づいており、Douglas Kirby of EducationとTraining and Research Associatesによっておこなわれています。

Q06 アメリカでは包括的性教育を禁じている州もあると聞きました。どういう理由からなのですか。

「包括的性教育を禁じている州もある」というのは正確な表現ではありません。「包括的性教育を採用しない州」があり、「包括的性教育のうちの重要な内容の教育を禁ずる州」が生まれている、というのが正確な表現です。

アメリカでは、主として包括的性教育と**禁欲主義的性教育**（Abstinence-only sex education「禁欲のみの性教育」とも呼ばれる）との歴史的な、長期にわたる対立がありました。歴史的な対立点は、包括的性教育と禁欲主義的性教育のどちらが、若者の予期しない妊娠や性感染症などの性的リスクの回避のために有益か、という点でした。双方は、自説を裏づけるさまざまなデータや有権者の意見などを提示し、各州政府に自分たちの性教育を採用するよう働きかけを続けてきました。

包括的性教育の推進派は、政治的にはリベラルとされる民主党支持の人々が中心になっていると言っていいでしょう。対して禁欲主義的性教育の推進派は、キリスト教原理主義の立場に立つ人々、さらに政治的には保守派とされる共和党支持の人々です。

アメリカは連邦制ですので、各州政府は独自の教育制度と教育内容を決定できます。性教育にかかわる法律も州の管轄下にあります。包括的性教育と禁欲主義的性教育、それぞれの支持者や支持団体からの働きかけによる「綱引き」の結果、性教育の内容をめぐって複雑なモザイク模様が生まれました。アメリカ全体で見ると、公立学校の生徒が教室で学ぶ内容には大きな違いが生まれています。
そのことは、各州の性教育の実施状況と内容を七つの指標で概括した**表1**を見るとよくわかります[14]。七つの指標のうち2、3、6が包括的性教育の内容にあたり、4、5、7が禁欲主義的性教育の内容にあたると考えられます。

最近のアメリカでは、さまざまな分野で、国を二つに分かつような衝突が激しくなっています。2022年の中間選挙前のそのような様相を、朝日新聞は「価値観むき出し『文化戦争』」という見出しで報じました（朝日新聞2022年10月9日朝刊）。「選挙戦で改めて浮き彫りになっているのは、米国を二つの国に分かつかのような『世界観』の衝突だ。人種や性、宗教、教育などをめぐって個人の信条や価値観がむき出しでぶつかり、妥協の余地のない『文化戦争（カルチャー・ウォー）』と呼ばれる」と記事は述べています。

性教育をめぐっては、これまでのような、どちらが若者のリスクの回避や減少に有効かという争点に加え、アンチ包括的性教育派からは新たな論点（攻撃ポイントというのがふさわしいかもしれません）が提示されています。それは、包括的性教育の基盤となっている「性の多様性」を性教育で扱うことへの攻撃です。たとえば、フロリダ州の教育委員会は2022年2月19日、公立学校の全学年で、性的指向や性自認にふれる授業の禁止を決めました。これに違反した教師は、教員免許が剝奪される可能性もあるといいます。その理由は、同州知事ロン・デサンティス氏によれば、「学校は『完全に不適切な話題』を避けるべきだ」というものです。

性的指向や性自認を含む、性の多様性や性的マイノリティに関する内容を「完全に不適切な話題」

表1 2017年時点でのアメリカ各州の性教育実施状況と内容

	1 性教育を義務付け	2 医学的に正確な内容であるべき	3 避妊情報を含む	4 禁欲の情報を含む	5 禁欲を強調する	6 性的指向を含むものでなければならない	7 性的指向に対して否定的でなければならない
アラバマ			○		○		○
アリゾナ					○		○
アーカンソー					○		
カリフォルニア	○	○	○	○		○	
コロラド		○	○	○		○	
コネチカット						○	
デラウェア	○		○		○		
ワシントン特別区	○		○				
フロリダ					○		
ジョージア	○				○		
ハワイ	○	○	○	○			
アイダホ							
イリノイ		○	○		○		
インディアナ					○		
アイオワ	○	○				○	
ケンタッキー	○				○		
メイン	○	○	○		○		
メリーランド	○		○	○			
マサチューセッツ							
ミシガン		○			○		
ミネソタ	○			○			
ミシシッピ	○				○		
ミズーリ					○		
モンタナ	○			○			
ネバダ	○						
ニューハンプシャー							
ニュージャージー	○	○	○		○	○	
ニューメキシコ	○		○	○			
ニューヨーク							
ノースカロライナ	○	○	○		○		
ノースダコタ	○			○			
オハイオ	○				○		
オクラホマ					○		○
オレゴン	○	○	○		○	○	
ペンシルベニア							
ロードアイランド	○	○	○		○	○	
サウスカロライナ	○		○		○		○
テネシー	○				○		
テキサス					○		○
ユタ	○	○			○		
バーモント	○		○	○			
バージニア			○	○			
ワシントン		○	○		○	○	
ウェストバージニア		○	○		○	○	
ウィスコンシン					○		

利用可能なデータがない州：アラスカ、カンザス、ネブラスカ、サウスダコタ、ワイオミング
（出所）Departing of Nursing (2017) “America’s Sex Education: How We Are Failing Our Students” https://nursing.usc.edu/blog/americas-sex-education/

とすること自体が、性的マイノリティを忌避し、敵視する思想です。本書で説明してきたような、日本におけるトランス排除言説の流行は、アメリカでの保守的バックラッシュとも同調したものといえるでしょう。

（水野哲夫）

(14) ガットマッハー研究所「Sex and HIV Education」２０１７年。https://www.guttmacher.org/state-policy/explore/sex-and-hiv-education

Q07 10代のセックスを遅らせるには、包括的性教育よりも「性的自己抑制教育」のほうが効果的というのは本当ですか。

報告はあるが……

アメリカでそのような報告があるのは事実です。禁欲主義的性教育の別名である「性的自己抑制教育」が、若者の性行動を抑制する効果があったとする記事があります。

「ペンシルバニア大学教授のジョン・ジェモット（John Jemmott）氏らは、性的自己抑制教育について……比較研究を行った。性的自己抑制教育と包括的性教育、『安全な性行為』のみを教える教育、性教育を行わない一般的健康増進教育（コントロールグループ）の比較研究である。……ジェモット氏らによると……『コントロールグループと比較すると、学年・性別・事後教育の有無を統制しても、教育後24カ月間に性行為に及んだ生徒の数は33％少なくなっている』という」（「トランプ政権が推進する性的自己抑制教育」平和政策研究所ホームページ「政策コラム」２０１９年6月18日）

これが「本当なのかどうか」が問題です。

旧統一協会のフロント団体が紹介

引用した記事は「一般社団法人 平和政策研究所」という団体のコラムです。この団体は、２０１１年7月に発足した、世界平和統一家庭連合（旧・統一協会）のフロント団体（偽装団体）です。

事実ならば注目されて当然のジェモット氏による研究ですが、日本では、このコラム以外には、旧統一協会の事実上の機関紙『世界日報』が引用し、かつての性教育バッシングで「活躍」した高橋史朗氏が自分のコラムに孫引きして紹介している程度で、学術的な論文には引用された形跡がありません。研究結果が、だれにどのように引用されているかということは、その研究の信憑性を判断するうえで大切な指標です。また、禁欲主義的性教育の有効性は個別のケースだけでは判断できず、大規模な調査が必要です。

禁欲主義的性教育の「効果」への疑問

アメリカで、禁欲主義教育プログラムを5年生に対して5年間実施した調査結果があります。これはアメリカ連邦議会の指示によるもので、禁欲主義的性教育の効果に対するもっとも大規模な調査です。その結果は、「これらのプログラムをランダムに割り当てられた参加者と、プログラムに参加しなかった統制群の生徒との間には、性的パートナーの数、禁欲意思、報告された妊娠・出産・性感染症比率などの点で何ら有意差は認められなかった」というものでした。

この結果は、もうひとつの大規模調査である全米家族調査（NSFG）に基づく疫学的分析においても再確認されました。「……異なる研究グループが異なるサンプルに対して異なった方法で行った研究結果が一貫していることは、禁欲主義アプローチに効果がないことを示す強い証拠である(15)」と総括されています。

包括的性教育の効果の国際的調査

禁欲主義的性教育とは異なり、包括的性教育が効果をもたらしているという大規模な研究結果が『ガイダンス』に紹介されています。77か国でおこなわれた比較試験や厳密な検証の結果、「カリキュラムに基づくセクシュアリティ教育プログラム」は、「初交年齢の遅延／性交の頻度の減少／性的パートナーの数の減少／リスクの高い行為の減少／コンドームの使用の増加／避妊具の使用の増加」という結果を招くことが再確認されました（邦訳57〜61ページ）。

結論　本当ではない

以上のような研究結果を総合すると、「性的自己抑制教育のほうが効果的である」というのは本当とは言えません。

（水野哲夫）

(15)　B・ブラッドフォード・ブラウン、ミッチェル・J・プリンスタイン著、子安増生・二宮克美監訳『青年期発達百科事典』丸善書店、2014年、288ページ「性教育」より。

Q08 現在、特別支援学校や特別支援学級で、障害児を対象にした性教育はどのような方針に基づいて実施されているのでしょうか。包括的性教育はおこなわれているのでしょうか。

性教育の基本的な方針は、障害児が対象の場合でも変わるものではありません。障害のある人（以下、障害児・者）も含めて、だれもが「性の権利」の主体者であることは、日本が2014年に批准《ひじゅん》した障害者権利条約に明文化されており、国は「性」に関して、年齢に適した情報やサービスを提供する責任を有しています。

障害児・者に対する性教育の実践は古くから蓄積があり、これまでに、教員や保護者らを対象とした書籍が多数出版されています。なかでも『季刊セクシュアリティ』誌の連載「障がい児・者実践」では34回（112号現在）にわたって、全国各地あるいは海外の学校や福祉事業所等での取り組みが紹介されています。そこには、子どもたちや成人が、楽しく性について学べるよう創意工夫された教材の数々、心地よいふれあいの体験、かれらをエンパワメントするかかわりなど、豊かな包括的性教育の実践が確認できます。

しかしながら、全国的に見れば、障害児が通うすべての学校が、年間指導計画に基づいて定期的に性教育をおこなっている、あるいは人権とジェンダー平等を基盤とした包括的性教育をおこなっているとはいえない現状です。

2003年に起きた東京都立七生養護学校（当時）の性教育実践に対する激しいバッシングと不当な政治介入[16]のもたらした深刻な打撃も一因となっていますが、それ以前から、とりわけ知的障害児・者を「無性の存在」として見る差別的なまなざしや、年齢相応の対応を欠いた「永遠の子ども」としての扱いといった、社会的な偏見が大きく影響していると考えられます[17]。

障害児・者の性教育は、「寝た子を起こすな」との視点から遠ざけられ、学校においては「性に関して関心が高い」とみなされた児童生徒のみを性教育の対象としたり、なんらかの「性的問題行動」が見られたりしたときに、対処的／個別におこなわれるのが性教育だと思われている節があります。このことは、障害児・者が「性の権利」を有していることの認識が不足しているだけでなく、性に関する教育が人権教育であり、だれもが享受するべきものだとはとらえられていないことを示しているといえるでしょう。

さらに、知的障害特別支援学校高等部を対象とした調査[18]では、交際相手と二人きりになることや、交際上起こりうる相手との性的な接触について、教員が慎重な姿勢を示していることがわかりました。とりわけ生徒が「性交すること」を懸念していますが、「性交」「避妊」「妊娠・出産」に関する学習は、一般の高等学校と比較しても、積極的におこなわれているとはいえません。つまり、高等部に通う知的障害児は、「性」の学びが乏しいなかで接触を禁じられる傾向にあるのです。

このような日本の現状に対し、国連の障害者権利委員会は、「すべての障害者が質の高い、年齢に応じた保健サービスと『包括的性教育』を受けることも制限されている」として、これを受けられるようにすべきとの勧告を２０２２年に出しました。日本政府には今後、すべての障害児・者が包括的性教育を受けることができるよう、具体的な方策を早急に提示することが求められます。

その際、忘れてはならないのは、障害児・者自身が「性の権利」の主体者であり、かれらが自分の人生をみずから選びとるために、どのような知識やスキル、価値観を身につけていく必要があるのか、といった視点から具体的な学習内容を考えていくことです。そして「障害があるから」「性を理解するのは難しいから」といった理由で、かれらを「性の学び」から排除するのではなく、ニーズを有する存在として認識し、何を学びたいのか、その「声」を問う必要があります。そういった営みを通して、目の前の障害児・者とともに包括的性教育実践を積み上げていく必要があります。

（門下祐子／東洋大学福祉社会開発研究センター客員研究員）

(16) 『知的障がい児のための「こころとからだの学習」』編集委員会編著『知的障がい児のための「こころとからだの学習」――七生養護学校性教育裁判で問われていること』明石書店、２００６年。

(17) 河東田博「知的障害のある人の性への社会的圧力」『季刊福祉労働』１６５号、２０２０年、１１０―１２２ページ。

(18) 門下祐子「知的障害特別支援学校高等部における性教育の実施状況と男女交際ルールの存在――全国実態調査にもとづいて」『福祉社会開発研究』14号、２０２２年、5―17ページ。

Q09 日本で包括的性教育を推進している団体にはどのようなものがありますか。

四つの団体を紹介します。

一般社団法人〝人間と性〟教育研究協議会（略称　性教協） www.seikyokyo.org

性教協は１９８２年に創立されました。「科学・人権・自立・共生」の四つのキーワードをもとに、人権と多様性とジェンダー平等の上に立ち、学習者に変化をもたらし、健康的で幸せにつながる選択のための力を発達させることを目的にした包括的性教育の実践をすすめる教育研究団体であると自己紹介しています。詳しい内容はホームページで見ることができます。

性教協の特徴は、全国各地にある地域サークルと、職種・領域別のサークルが集まっていることです。それらを挙げます。

北海道（根釧・きたみ・石狩）／東北（山形）／関東（さきたま・東京・大東学園・かながわ）／北信越（金沢・新潟・福井・長野）／東海（静岡・岐阜・愛知）／近畿（滋賀ＨＡＬ・和歌山・兵庫・京都・京都北・大阪・奈良）／中国（岡山・広島・山口・島根まつえ）／四国（徳島・えひめ・高知）／九州（長崎・大分・熊本・鹿児島・沖縄）／全国児童養護施設サークル／乳幼児の性と性教育サークル／障害児・者サークル／全国助産師サークル

構成メンバーは、小中高大の学校教員、養護教諭、助産師、保健師、医師、看護師、研究者、ＮＰＯ法人関係者、ジャーナリストなど多岐にわたり、交流しつつ活動しています。毎年7月末か8月はじめに「全国夏期セミナー」を開催しています。２０２３年の全国夏期セミナーで第42回となります。

日本性教育協会（略称　ＪＡＳＥ）　www.jase.faje.or.jp

日本性教育協会は１９７２年に創立され、２０１２年4月1日に日本児童教育振興財団と合併し、「学校における性教育振興のための事業と助成」をおこなっている団体です。「性教育に関する調査、研究、啓発を推進し、学校と家庭と社会を結び、性教育の理想実現のために、セクソロジー（性科学）や人間の性（ヒューマンセクシュアリティ）にかかわる事業と助成を行っています」（ホームページより）。よく知られた研究に「青少年の性行動調査」（１９７４年からほぼ6年おきに実施）があります。

全国性教育研究団体連絡協議会（略称　全性連）　http://zenseiren.org

おもに公立学校の教員によってつくられた、人間の性に関する教育・研究団体の協議会です。加盟している研究団体は、北海道性教育研究会をはじめとして岩手県、宮城県、とちぎ、ぐんま、ちば、東京都、東京都小学校、東京都中学校、東京都高校、横浜市、長野県、三重県、和歌山県、奈良県、岡山県、熊本県、宮崎県、かごしま、障害児の各性教育研究会です。先に紹介した性教協も理事団体として加盟しています。個人でも賛助会員として入会できます。

会の目的は「我が国における人間の性に関する教育・研究団体相互の連携を密にし、その発展を図るとともに、性教育の実践・啓発に寄与すること」とされています。毎年7月末か8月はじめに「全国性教育研究大会」を開催しています。２０２３年で第51回となります。

NPO法人　ピルコン　https://pilcon.org

ピルコンは、包括的性教育の普及をめざし、性教育の講演や、性の健康と権利を学ぶ場づくり、人材育成、情報発信、イベント・啓発事業などをおこなっています。学生や児童養護施設の児童を対象とした「性の健康・リレーションシップ教育プログラム　ＬＩＬＹ」、保護者を対象とした性教育サポート講座や、地域と連携した性の健康啓発事業等をおこなっています。これらの活動を通じて、子どもに正しい性知識を知る機会を、大人に性の伝え方を学ぶ機会を提供しています。

以上、おもな団体を四つ紹介しました。このような全国規模の団体以外にも、たくさんの団体やサークルなどが包括的性教育を広げる活動に取り組んでいます。それらの全体像を知ることはたいへん難しいのですが、その一端として、若者・ユースによるセクシュアリティにかかわる活動を集約した雑誌の特集が予定されています。本書の刊行時点では未刊行ですが『季刊セクシュアリティ』１１４号（２０２４年1月15日発行予定）特集「若者たちが自ら発信する『若者の性のリアル』」です。発行されたら、ぜひお読みください。

（水野哲夫）

Q10

学校の教員自身が性教育を受けた経験がありません。このような状態で幅広い知識が必要な包括的性教育が実践できるとは思えません。どうしたら実践できるでしょうか。

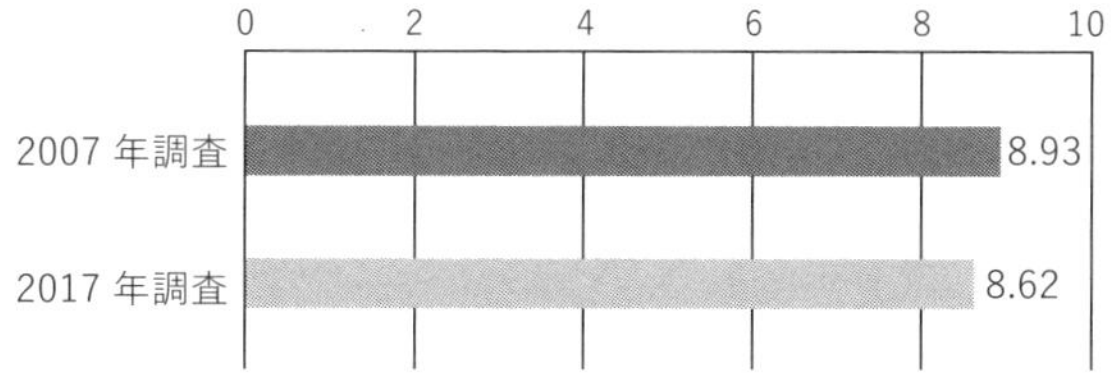

グラフ1 中学校での性教育の実施状況（3年間合計）
（橋本紀子ほか「日本の中-大規模中学校における性教育の実態調査」2017年）

たしかに、これまでの日本の学校における性教育の貧弱さからして、教員の大多数が性教育を受けた経験がないということは十分ありえます。**グラフ1**は、2007年と2017年に実施された「日本の中-大規模中学校における性教育の実態調査」（橋本紀子らによる）の結果です。10年の間がありますが、日本の中学校での性教育の授業時間は、どちらも平均すると3年間合計で9時間未満にすぎません。1年間では3時間未満です。教員養成課程でも、必修科目の中に性教育にかかわる科目はありません。一度も性に関する学びを経験しないまま教員になる人が大多数だろうと考えられます。質問のように、このままでは養護教諭以外の教員が、自分の専門科目以外に「包括的性教育」を担当し、学びを実践していくことはたいへん困難です。

では、どうしたらよいのでしょうか。私は、次に挙げる10項目が必要だと考えています。

〈学校で性の学びをすすめるために必要な10項目〉

①性教育に対する法的裏づけ

性教育をめぐる対立は、政治にかかわる内容を含んでいます。人権を基盤とする包括的性教育は、「一人ひとりが、みずからの人権を基盤とした性の権利（セクシュアル・ライツ）を理解し、それを求め、行使する主体となり、共生する公正な社会をつくる」という方向性を持っています。その方向性は、平和憲法を変え、戦争ができる「普通の国」づくりと国民の育成を教育の大目的とする人々にとっては邪魔であり排除したいものです。包括的性教育がつねにバッシングの対象とされてきたことの大きな理由はここにあります。

人権教育には「人権教育推進法」という根拠法がありますが、性教育には根拠法がありません。そこで私たち性教協は「**包括的性教育推進法**」制定の取り組みをスタートしました。学習指導要領の「はどめ規定」撤廃の運動をすすめつつ、その先を展望する運動を構想するものです。この法制定を国や文科省に働きかけていく取り組みを、幅広い団体・個人と協同してすすめていきます。

②文科省の「やる気」

現在は自公政権や「文教族」議員、さらに日本会議系などのきわめて保守的な議員らに忖度《そんたく》し、性教育に対して消極的な文科省ですが、法的な裏づけができたなら、そのような姿勢を取りつづけることは不可能になります。法的な要請に従い、粛々と、しかし現在とは比較にならないほど積極的に推進することになるでしょう。

③教育委員会の「やる気」

これと次の④は、①の「法的根拠」ができれば、やらざるを得なくなるというかたちで解決していくでしょう。「やる気」と言えるかどうかは別問題ですが。

④管理職の「やる気」

⑤教職員への包括的性教育の研修

きわめて大切な要素です。官製の研修への参加だけでなく、教職員がみずから選択して多様な研究会に参加したり、みずから研修会を組織したりする自由と物理的な保障が必要です。

⑥教職員の時間的ゆとり

これを実現することで、包括的性教育に取り組もうとする教員は増えるはずです。子どもの現実に目を向け、性の学びの必要性を感じている教員は大勢いますから。

⑦教職員の教材研究の自由の保障

⑤とも通じますが、教職員の思想信条の自由と権利の保障を土台にして、教材研究の自由と研修費などをきちんと保障することなどを含みます。

⑧教職員間の連携・協力

成果主義や「自己責任論」を克服し、協働によって教育をすすめることが必要です。

⑨保護者の理解

保護者の声や悩みに耳を傾け、きちんと説明すれば理解は得られます。

⑩学外専門家の協力

性教協をはじめとした幅広い団体・個人と協力しあっていくことが不可欠です。

（水野哲夫）

包括的性教育がもたらす変化と展望
――大東学園高校の経験から

私（水野）は私立大東学園高校（東京都世田谷区）で、総合学習（「総合的な探究の時間」）としての「性と生」を26年にわたって担当してきました。「性と生」は1年生の必修科目で、1単位、年間二十数時間の授業をおこないます。内容は性の多様性、ジェンダーとセックス、生殖をめぐる科学、性感染症、性と人権などと幅広く、包括的性教育の科目であるといえます。

生徒の変化――「エロいこと」から「大切なこと」へ

4月当初は、「性と生」を「ヤバい」「エロい」授業ととらえたり、「性」という言葉自体に忌避感をもつ生徒も一定数います。しかし、1学期が終わるころまでには、多くの生徒たちの性のとらえ方は「エロいこと」から「大切なこと」へと大きく変わります。

年間の授業が終わるころ、もうすぐ入学する新入生に「性と生」を紹介するメッセージを書いてほしいと言うと、生徒たちは先輩として「ちょっと背伸びして」メッセージを書いてくれました。一例を紹介します。

COLUMN

●この授業では、みんな最初に恥ずかしみのある言葉「SEX」などの言葉がでてくるよ。けど、それで笑うのは子どもだと1年間を通して学びました。

だって、1+1=2と言って、みんな笑わないよね？　それと同じで、この授業は性について、そして未来の自分に必要な知識が学べるので、恥ずかしいとは思うけど、知ってないと損をするのは自分なので、しっかりと自分の知識にしてくださいね!!

「性って人権じゃん！」

「人間関係・暴力・恋愛・性」の単元で、デートDVなどについて学んだとき、ひとりの生徒が「性って人権じゃん！」と言ったことが印象に残っています。どういう意味か聞くと、「だって、性ってすごく大切なことじゃん。だから人権とおんなじだと思って」と答えてくれました。

こんなふうに生徒が考えてくれれば、素晴らしいことではないでしょうか。

総合学習「性と生」は、私たち教員の生徒の見方を変え、生徒理解を助けてくれました。また、生徒が自分の問題を見つめ、必要なときには私たち教員を含む大人に相談するうえで力になっています。そして、生徒相互の関係をより良くし、デートDVなどの性暴力を可視化し問題化し、解決のための行動をはじめることを助けています。大東学園の教育目標「人間の尊厳を大切にする」を具現化するうえでも、欠かせない学びになっているのです。

（水野哲夫）

5章
世界の流れと日本の動き、これからの課題

世界の性と性教育をめぐる動向は、多様性、科学と人権の尊重を軸に大きく前進していま す。包括的性教育の広がり、性と生殖に関する健康と権利の保障、ジェンダー平等の政治などの確かな歩みがあります。同時に、子ども・若者、ＬＧＢＴＱ、女性、障害者の人権保障に背を向けた、激しいバッシングの動きが世界にも日本にもあることを過小評価はできません。ジグザグがあっても世界の大きな歩みに希望と確信をもって、性教育後進国の日本から世界水準の性の人権と包括的性教育を保障する国をめざして歩みつづけたいものです。

Q 01 国連における多様性の尊重と包括的性教育推進の活動はどのような内容でしょうか。

国際機関において、人権保障のために「多様性」に着目した数多くの報告、宣言が存在しています。ここでいう「多様性（diversity）」とは、人種や民族、ジェンダー、セクシュアリティ、障害、信教、価値観、経済状況など、ひとりの中に存在しているあらゆる属性を指しており、なおかつ、そのようにさまざまな属性をもつ個人・集団がこの社会には存在していることを意識するための概念といえるでしょう。

このような「多様性」は、ユネスコによって編集された『改訂版 国際セクシュアリティ教育ガイダンス』でも重要視されている概念です。『ガイダンス』自体、ユネスコが中心となり、国連合同エイズ計画（ＵＮＡＩＤＳ）や国連児童機関（ＵＮＩＣＥＦ）など複数の国連機関や性教育分野の専門家の協力を得ながらつくられたものです（第４章参照）。

　この『ガイダンス』の付録には、包括的性教育に関係する国際条約と協定がまとめてあり、多様性にかかわるものが複数掲載されています。

　まず、「障害者の権利に関する条約」（いわゆる「障害者権利条約」）第５条（平等及び無差別）と第24条（教育）が改訂版『ガイダンス』の付録には掲載されています。２００６年12月に国連総会で採択され、日本は２０１４年に批准した「障害者権利条約」を『ガイダンス』も意識していることがうかがえます。

　障害者の権利保障の分野でも、包括的性教育の重要性は意識されています。２０２２年８月には国連の障害者権利委員会が日本政府の取り組みを審査し、９月に総括初見が出されました。そこでは、第25条（健康）の項目と、ＳＤＧｓのターゲット3.7、3.8との関連性を考慮した勧告として、障害のある女性と少女、さらに知的・精神・感覚的障害があって施設で生活する女性に対する「性的暴力からの保護と救済が欠如している」ことが指摘され、加えて、すべての障害者が質の高い、年齢に応じた保健サービスと「包括的性教育」を受けることも制限されているとして、これを受けられるようにすべきであると勧告されました。

　そして、性の多様性に関しては「人権理事会：性的指向及びジェンダーアイデンティティに基づく暴力と差別に対する保護　A/HRC/32/L.2/Rev.1（2016）」や「人権理事会：人権、性的指向、性同一性　A/HRC/27/L.27/Rev.1（2014）」が『ガイダンス』に掲載されています。

　国連はその発足当初から、多様性にかかわる人権保障の活動をおこなってきましたが、性的マイノリティの人権保障は、他の人権課題よりも遅れて着目された項目です。世界人権宣言（1948年）においては「人種、皮膚の色、性、言語、宗教、政治上その他の意見、国民的もしくは社会的出身、財産、門地、その他の地位」（2条）など、さまざまな属性や特徴にかかわらず、あらゆる人が人権を享受する主体であることが確認されていますが、そこに性的マイノリティも位置づけられたのは、2011年でした。

2011年の国連人権理事会で採択された決議17／19は、性的指向と性自認を上記の流れに位置づけ、性的マイノリティも人権享受の主体であることが確認されたのです。それ以後、国連人権高等弁務官による報告書や、啓発冊子の公表、国連LGBTコアグループの形成、特別手続きに基づく独立専門家の任命、特別ウェブサイト「UN Free & Equal」の開設など、性的マイノリティの人権は、国連の人権施策における主要課題のひとつと認識されました[1]。

このような状況を踏まえながら、国連やその関係機関は、『ガイダンス』の作成・啓発等を通して、多様性の尊重や包括的性教育を推進しています。

（堀川修平）

（1）谷口洋幸「LGBTと人権　世界人権宣言70周年を迎えて」谷口洋幸編著『LGBTをめぐる法と社会』日本加除出版株式会社、2019年、186—213ページ。

Q02 アメリカでも性教育をめぐって分断や対立があるそうですが、最近の動きにはどのような特徴がありますか。

アメリカでの性教育における「対立や分断」といった際、包括的性教育を推進するか「純潔教育」を推進するかという点に着目するのは必須のことです。ここでいう「純潔教育」は「結婚まで禁欲のみ教育」とも呼ぶことができるものです（4章Q06参照）。その内容に関しては、**表1**にまとめました。性教育研究者の浅井春夫は、「結婚まで禁欲のみ教育」の特徴は、①恐怖による誘導と洗脳、②ウソも含めた情報の一面的強調、③無知の放置、④トラブルを起こした場合の救済の課題は無視であると示しています[2]。

アメリカは州によって学校教育制度や教育課程（カリキュラム）のあり方が異なっています。性教育もその影響を受けており、その概略に関しては以下のようにまとめられています。

39州＋1準州は性教育とＨＩＶ教育両方の実施あるいは一方の実施を義務づけている。17州は医学的に正確な内容を、26州＋1準州は年齢に相応しい内容を、10州は生徒の文化的背景に適切で人種、性別、エスニシティに偏らないことを求めている。4州は宗教の促進を禁止している。（中略）教育内容に関しては、20州＋1準州は避妊に関する情報提供を求め、36州は禁欲に関する情報提供を、うち29州は禁欲の強調を、10州＋1準州は禁欲への言及を求めている。19州は性行為を婚姻内

表1 アメリカにおける性に関する教育内容や主張の対比

「結婚まで禁欲のみ教育」の特徴	包括的性教育の特徴
多くの場合、結婚前の禁欲と、婚前の性行為のネガティブな結果という限定的な内容を取り上げる	人間形成（発達）、対人関係、性的健康など、性に関するさまざまなトピックを取り上げる
若者の性行動をコントロールするために、恐怖や恥に頼ることが多い	セクシュアリティと性行為に関する前向きなメッセージを提供しながら、禁欲の利点も説く
避妊について、失敗率の観点からのみ説明し、避妊の失敗率を誇張することが多い	コンドームや避妊法を一貫して使用することは、意図しない妊娠や性感染症のリスクを大幅に減らすことができると教える
中絶、セルフプレジャー、性的指向に関する話題を省略したり、バイアスを含む情報である	中絶、セルフプレジャー、性的指向に関する正確で事実に基づいた情報である
意図しない妊娠に直面したティーンエイジャーにとって、養子縁組だけが唯一、道徳的に正しく、成熟した決断であると教える	意図しない妊娠に直面した女性には、妊娠を継続させて赤ちゃんを育てること、妊娠を継続させて赤ちゃんを養子に出すこと、中絶することといった選択肢があることを教える
特定の宗教的価値観を推進することが多い	宗教的な価値観は、個人の性行動に関する決断に重要な役割を果たす場合があることを教える

（出所）Advocates for Youth SIECUS “Toward a Sexually Healthy America : Roadblocks Imposed by the Federal Government's Abstinence-Only-Until-Marriage Education Program,” 2001より一部引用。堀川訳

のみと教えることを重視し、19州はコンドームと避妊指導を義務付けている(3)。

このようなアメリカでは近年、包括的性教育へのバッシング、性的マイノリティへのバッシングが激化しています。その中でも「禁書」を通してのバッシングは決して「対岸の火事」ではありません。

アメリカの非営利団体であるPEN Americaは、2022年7月から23年6月のうちに、公立学校や図書館で、図書の閲覧が禁止された事例を3362件記録したといいます。1557タイトル、1480人以上の作家やイラストレーター、翻訳者の作品が閲覧できなくなったことが

指摘されていますが、「禁書」扱いとなった書籍の作者の多くが女性、有色人種、性的マイノリティであったのです[4]。このような「禁書」の状況は、いわゆる「保守」派として純潔教育を推進する傾向にある共和党が優勢の州で激しさを見せています（ただし、民主党優勢の州でも同様の傾向はみられ、アメリカ全土に同様の状況があることを推察できます）。

なかでも、１４０６件と最多の件数となっているのがフロリダ州です。同州では、ロン・デサンティス州知事が２０２２年、公立学校で小学３年生以下にＬＧＢＴＱ教育をおこなうことを禁止する、通称「ゲイと言うな」法を施行しています。

このように、包括的性教育バッシングと性的マイノリティへのバッシングは両輪で起こっていることが指摘できるでしょう。

（堀川修平）

（2）浅井春夫「子どもと性序論」、浅井春夫編著『子どもと性』日本図書センター、２００７年、３―19ページ。詳しくは堀川修平『「日本に性教育はなかった」と言う前に』（柏書房、２０２３年）を参照してください。

（3）広瀬裕子「性教育のポリティクス――公私二元論問題と性教育論争」日本教育学会『教育学研究』89巻4号、５２６―５３８ページ。

（4）“Banned in the USA: The Mounting Pressure to Censor,” Pen America. https://pen.org/report/book-bans-pressure-to-censor/

Q 03 北欧の国々では、セクシュアリティをめぐる政策にどのような具体的な動きがあるのでしょうか。

性犯罪の刑法改正と性教育

２０２３年、日本でもついに「不同意性交等罪」が成立し、同意のない性行為は犯罪になりました。類似の法改正を２０１８年に成し遂げたのが北欧のスウェーデンです。被害者が性行為を言葉で断れなかったりしても、自発的に性行為をしたことが客観的に認められなければ、加害者は有罪となります。スウェーデンではこの法改正にともない、性教育も変化しました。

そもそもスウェーデンの歴史を振り返ると、１９００年代初頭には避妊のための情報の提供やコンドームの輸入も禁止されるなど、決して順風満帆なはじまりではありませんでした。１９３３年にスウェーデン性教育協会が設立され、38年には避妊のための情報提供が合法に。43年には任意での性教育がはじめて公教育に導入されました。44年には同性愛が非犯罪化され、翌年の45年には初の教員向け性教育ガイドも作成されています。その後も、薬局での避妊法完備が義務化されたり、ラジオでも性教育番組が放送されたりするなかで、１９５５年、学校での性教育が義務化されました。このように、スウェーデンの性教育は法律等と合わせて進化を遂げてきました。

今回も、２０１８年に性犯罪刑法が改正された後、２０２０年には教員養成課程の中で性教育を学ぶことが義務化され、性教育の内容も変化。タイトルが「セックスと長期の関係性（sex and cohabitation)」から「セックス、同意、関係性」へと変わりました。「生徒たちには、ポルノ等を含むメディアにおける人間関係やセクシュアリティの描写について、批判的思考を確立する機会が与えられるべき」といった文言が追加されたことで、ポルノを含むメディアについても、有害なジェンダー規範やルッキズムの強化、性的同意の軽視や暴力につながっていないか等について批判的に見る練習をうながしています。必要であればだれかに相談することも含め、より健康的にセクシュアリティと向きあうスキルを身につけることを助けています。

日本でも実現した不同意性交等罪は、性教育の新たな一歩を踏み出すチャンスかもしれません。

性的マイノリティの権利

ノルウェーが２００８年に同性婚を法律で認めて以降、北欧5か国（アイスランド・スウェーデン・デンマーク・ノルウェー・フィンランド）では、いずれも同性婚が可能で、養子縁組や生殖医療により子どもも持てます。ＬＧＢＴＱへの差別禁止の法律も、同性婚実現より前に成立しています。

そのなかで最近動きを見せているのが、トランスジェンダーの権利に関する政策です。世界ではじめて性別変更を合法化したのは１９７２年、スウェーデンでした。しかし、比較的早く性別変更を認めた他国同様、不妊手術や未婚が条件でした。改正が実現したのは２０１３年で、手術は不要、未婚者限定の要件もなくなり、デンマーク、ノルウェーもその後に続きました。当事者らのさらなる運動は２０１８年、法改正前の性別変更のため不妊手術を受けざるをえなかった人たちへの国からの補償も実現させました。

加えて2023年、北欧諸国で唯一スウェーデンに残っていた、性別変更の際に医師の診断を必要とする条件も、18歳以上では不要になりました。一方、未成年に対する思春期ブロッカー(5)、異性ホルモン(6)の投与については、スウェーデン、ノルウェー、フィンランド等でも、安全性などを理由に服用可能な年齢を引き上げるなどの見直しもはじまっています。

社会全体を見渡すと、2023年現在、極右思想の広まりやトランスジェンダーに対するバッシング・ヘイトの世界的高まりがあり、北欧諸国も例外ではありません。そんななかでも、たとえばスウェーデンでは2021年、トランス女性であるリナ・キルブロム氏が、校長や弁護士の経験を踏まえて教育省の大臣に任命されました。トランスジェンダーの入閣は北欧諸国でもはじめてです。

また、アメリカでも見られるように、スウェーデンの極右政党がストックホルム市の図書館におけるドラァグクイーンの朗読会を非難する事態が起きた際には、ストックホルムの副市長自身がドラァグクイーンの装いで読み聞かせをおこない、あらゆる性的マイノリティの権利擁護を表明するなど、ヘイトの波への対抗もさまざまなかたちで見られています。

（福田和子）

(5) 性腺刺激ホルモンの分泌を抑え、第二次性徴にともなう体の変化を一時的に抑制する効果のある薬剤。
(6) 「トランス女性」には女性ホルモン（エストロゲン）、「トランス男性」には男性ホルモン（テストステロン）を投与することで、性自認に見合った二次性徴の発達を助ける。

Q04 ジェンダー平等をすすめている国、停滞している国をジェンダーギャップ指数で比較すると、どのような推移と現状にあるのでしょうか。

世界経済フォーラムは2006年に115か国・地域の**ジェンダーギャップ指数**を公表し、以降、継続して公表しています。同指数は経済、教育、健康、政治の4分野を対象とし、経済では労働参加率の男女比、男女の賃金格差、管理職、専門・技術職の男女比、教育では識字率と初等教育、中等教育および高等教育の就学率の男女比、健康では平均寿命と出生時性比、政治では国会議員および閣僚の男女比、最近50年間における国家元首の在任年数の男女比をもとに算出されます。

2023年のジェンダーギャップ指数ランキングでは、146か国中1位はアイスランドで、2009年以来その座をキープしています。同国はスコア(指数)が0・912と、対象国で唯一0・9を超えました(指数が1に近づくほどジェンダー平等度が増す)。このほか上位は、北欧を中心にEU諸国が占めていますが、4位ニュージーランド、7位ニカラグア、8位ナミビア、12位ルワンダのように、オセアニアやラテンアメリカ、アフリカ大陸の国々も見られます。

日本は146か国中125位で、過去最低の順位でした。とくに政治分野が138位と低く、経済分野123位、健康分野59位、教育分野47位となっています。ここ20年間ほどで各国はいろいろな改革を進め、スコアを伸ばしてきましたが、それに比べ、日本のスコアは当初からほぼ横ばいのため、順位は下降しつづけているのです。

たとえば、東アジア・東南アジアの近隣諸国であるフィリピンは総合順位が16位ですが、もっとも格差の大きい政治分野の順位は30位で、スコアは0・409です。近隣国でいえば、シンガポールは68位で0・220、韓国が88位で0・169、ベトナムが89位で0・166、中国が114位で0・114です。日本は138位で0・057ですから、この地域でもけた外れに政治分野の男女格差の激しい国だと言えます。

2006年時点でも、上位は北欧諸国が占め、6位のフィリピン、7位のニュージーランドをのぞいて10位までをEU諸国が占めていました。当時、日本の総合スコアは0・645で、115か国中80位。健康の分野では1位でしたが、経済、政治では83位、教育は79位でした（高等教育の76位が影響）。

2013年には、上位の北欧諸国に続き、アジアやオセアニアのほかにラテンアメリカからもニカラグアが総合10位に入り、2010年の総合30位から飛躍的に順位を上げました。その最大の要因は、政治分野が5位になったことです。これは、同国の国会議員選挙制において、女性議員を50％にするジェンダー・クオータ制を導入したことにより、女性の国会議員が飛躍的に増加したからです。重債務貧困国に認定されているニカラグアにおけるクオータ制導入の背景には、外的要因として、国際援助を前提とした国際社会のジェンダー平等政策の影響を指摘できます。しかし、理由はともあれ、ここ十数年間で多くの国々が法律によってクオータ制を定めるか、ルワンダのように憲法で女性議員の割合を定める等の改革を推し進めています。これらの改革により女性議員が30％以上を占めるようになった国々では、その後、国会でジェンダー平等政策や法律の制定が進められるようになり、その結果としてジェンダーギャップ指数のスコアを改善できているといえます。

4分野の中でも、各国でもっとも格差が大きいのが政治分野です。1位のアイスランドのスコアは0・901ですが、2位のノルウェーが0・765、4位のフィンランドでさえも0・700です。日本でも「政治分野における男女共同参画推進法」が2018年に成立し、2021年に改正されていますが、国会・地方議会選挙における候補者の男女均等目標さえも各政党の努力義務に終わっています（韓国は候補者クォータ制を導入済み）。ジェンダー・クォータ制の導入が、日本にとっては最大の課題といえます。

（橋本紀子／女子栄養大学名誉教授）

Q05 避妊・中絶・性感染症などの「性と生殖の健康と権利」保障に関する国際的動向と日本の現実には、どのような違いがあるのでしょうか。

中絶に関する自己決定権は、女性が長年かけて勝ち取った権利といえます。アメリカでは、1973年に最高裁判所が「中絶を禁止するのは違憲である」と判断し、米国全州で安全な中絶の権利が認められ、女性は自分の体に関する自己決定権を得ることとなりました（ロー対ウェイド判決）。しかし2022年6月に、同じく最高裁判所によってこのロー対ウェイド判決が覆され、人工中絶にかかわる法律は各州に委ねられることとなり、結果として全米13州において人工中絶が全面的に禁止されることとなりました（2023年4月現在）。約50年にわたって女性の権利として認められた中絶の権利が奪われてしまったのです。そしてまた、経口妊娠中絶薬「ミフェプリストン」の承認手続きに問題があったとして訴訟が起き、現在、使用許可の見直しの審理がおこなわれています。

中絶の方法に関しては、多くの国では、経口中絶薬か手動真空吸引法（ＭＶＡ）かを女性が希望に応じて選択できるようになっています。経口中絶薬は１９８８年にフランスと中国において承認されて以来、現在80か国で使用されています。新型コロナウイルスの感染拡大以降、フランス・イギリスでは経口中絶薬がオンライン診療で処方され、自宅などでの中絶が可能になりました。費用に関しても、イギリス、フランス、ニュージーランドをはじめとする約30か国では公費で補われ、配偶者の同意書が必要とされるのは日本を含む11か国のみです。

日本では、女性の人権の視点からではなく、戦後の人口政策や優生政策として、１９４８年に施行された優生保護法により世界に先駆けて人工妊娠中絶が合法化されました。その後、中絶件数が急増し、54年には現在の日本家族計画協会が発足し、「中絶から避妊へ」の取り組みがはじまりました。その後、少子化が進むなかで、不妊治療の保険適用や出産一時金など、産み育てる場合の制度やサービスは増えましたが、中絶に関しては、適応条件に「経済的理由」があるにもかかわらず、初期中絶には公的支援がありません。また、女性の意思決定によるものではなく、母体保護法の適応条件を満たすことと、配偶者の同意が必要とされています。産むか産まないかを決める権利は女性の基本的人権であり、２０１６年には国連女性差別撤廃委員会が、日本政府に配偶者の同意要件そのものの撤廃を勧告しています。

また、中絶の方法は、近年まで電動吸引法または掻把《そうは》法が主流でした。２０１２年のＷＨＯ（世界保健機関）の勧告もあり、日本でも２０１５年にＭＶＡが認可され、２０２３年４月に経口中絶薬が認可されましたが、導入済の施設数、自己負担費用、内服後の院内待機の点からも、選択しやすくなったとはいえない状況です。

避妊に関しては、現在日本ではコンドームや低用量ピル、子宮内避妊器具、不妊手術等の方法がありますが、海外ではインプラント、注射、シールなどの選択肢も多く、フランス、スウェーデン、イギリス、ドイツなどでは若年や未成年者には無料または低額で緊急避妊薬を含む避妊法を提供しています。緊急避妊薬は、海外ではおよそ90の国や地域で、医師の処方箋がなくても薬局で購入できます。日本でも認可はされましたが、対面ないしオンライン診療での処方が必要で、高額なため利用できない人もいる現状です。現在、一定の要件を満たす薬局で試験的に販売をおこないながら、医師の処方箋がなくても適正に販売できるかを検証する調査研究を実施する予定です。必要な人が少しでも早くアクセスでき、意図しない妊娠を避けられるようにすることは喫緊な課題です。

（土屋麻由美／麻の実助産所・認定ＮＰＯ法人ピッコラーレ）

Q 06 日本における性教育・ジェンダー教育にかかわる法律や条例にはどのような内容のものがあるのでしょうか。

包括的性教育やジェンダー教育をすすめるうえで、①法律や条例、②教育行政から出される通知、③学校においては性教育に関する運営方針、④専門的な知識を学ぶための指針やガイドなどは大切な要件になります。しかし、それらは教育実践をすすめるだけでなく、抑制する機能も持っていることに留意が必要です。ここでは①を中心に紹介することにします。

直近に成立した「**LGBT理解増進法**」（性的指向及びジェンダーアイデンティティの多様性に関する国民の理解の増進に関する法律、2023年6月公布・施行）は、もともと超党派で合意した法案でしたが、提出・審議の中で、率直にいえば「理解抑制法」に変質しました。おもな変更ポイントは、①超党派の合意内容である「差別は許されない」という文言から「不当な差別はあってはならない」へと変更。②超党派の合意で法案に明記された「性自認」を「ジェンダーアイデンティティ」に置き換えたことで、自己認識・自己申告を基本とする性自認の概念をあいまいにしようという意図もみられます。さらに、③第12条（相談体制の整備等）の削除、④第13条（民間の団体等の自発的な活動の促進）の削除も重要な変更です。

「**性同一性障害特例法**」（性同一性障害者の性別の取扱いの特例に関する法律、2004年7月施行）は、性同一性障害者について、家庭裁判所の審判により、法令上の性別の取り扱いと戸籍上の性別記載を変更できるようにする法律です。そのためには五つの要件を満たす必要があり、性別変更の要件のひとつに「生殖腺がないこと又は生殖腺の機能を永続的に欠く状態にあること」を定めています。この規定は、精巣や卵巣の摘出手術を指しています。司法統計によると、同法の施行後2020年までに1万人以上が手術を経て性別を変更しています。1・2章でふれたように、2023年10月に最高裁はこの生殖不能要件を違憲であり無効と判断しました。他方で、変更後の性別に似た性器の外観を備えるという要件については高裁で審理をやり直すよう命じています。

一方、性暴力被害者や支援者らの長年の運動によって**刑法および刑事訴訟法の一部改正**（2023年7月施行）が実現し、不同意性交等罪（強制性交等罪と準強制性交等罪を統合した罪名）・不同意わいせつ罪が成立。不同意性交等罪は、「同意しない意思を形成、表明又は全うすることが困難な状態」にさせること、あるいは相手がそのような状態にあることに乗じること（暴行または脅迫などの八つの状態を原因として）などが要件として明示されています。こうした法改正からも、性教育における同意教育を具体化することが求められています。

男女雇用機会均等法（1986年4月施行）は、雇用における機会などを性別の差別なく確保することを目的とし、募集や採用、配置や昇進、教育訓練や福利厚生、退職や解雇の際に、性別を理由にした差別を禁止しています。こうした法制度をさらに機能させるためにも「**ハラスメント（パワハラ）防止法**」（労働施策総合推進法、2020年6月施行）が成立。セクシュアルハラスメント、妊娠・出産・育児休業等に関するハラスメント、パワーハラスメントを防止することは事業主の義務となっています。厚労省の指針では、性的指向や性自認に関する侮辱やアウティングもパワハラに該当すると明示されました。

ジェンダー平等を社会的に推進する**男女共同参画社会基本法**（1999年6月施行）は、第2条で「一男女共同参画社会の形成（中略）男女が均等に政治的、経済的、社会的及び文化的利益を享受することができ、かつ、共に責任を担うべき社会を形成することをいう。」を明記しています。同法を踏まえて、全国各地で**男女共同参画条例**を策定する動きの一方、同法の理念を変質させるような条例制定と、同法の理念に即して制定された条例の「改正」という二つの流れが現在もあります。

性暴力で懲戒免職になり、免許を失効した元教員の復職を制限する「**教員による児童生徒性暴力防止法**」（2022年4月施行）も制定されています。

これらの法律は、さまざまな問題点や課題もあることを踏まえて、性的人権を守り発展させていくための読み取りと活用、そのうえで必要な法律改正を展望する運動が求められています。

（浅井春夫／立教大学名誉教授）

Q 07 現在のトランスジェンダーバッシング、包括的性教育バッシングに、統一協会などの宗教や右派団体はどのようにかかわっているのでしょうか。

日本のバッシング勢力と共通の運動方針

右派（右翼）・左派（左翼）という語は、フランス革命期の議会で、旧体制の維持を支持する勢力が議長席から見て右側の席を占め、反対する勢力が左側の席に分かれて座ったことに由来しています。

政治的右派とは、(超)保守主義や反共主義的な思想や運動をすすめる組織や人物を指す用語です。左翼が平等や権利を強調するのに対して、右派は伝統的な価値観や家族観を守ることをめざす傾向があります。

日本における右派は、①宗教団体、②右派の国会・地方議員、政治家など、③研究者・大学教員、④右派のマスコミなどによって構成されます。なかでも宗教が大きな勢力と影響力を持っており、日本最大の右派組織である日本会議(それを支援する議員連盟としての日本会議国会議員懇談会)、神道政治連盟、統一協会およびそのフロント(偽装)団体、その他の新興宗教などが関与しています。

これらの右派が掲げる政策や運動方針は、民主的な政治運動や研究運動などの方針や課題に対抗する内容です。具体的に以下の①~⑬を挙げておきます。①憲法改正(主要な論点は9条や24条の改定や緊急事態条項の創設)、②国家主義的な歴史認識・歴史修正主義(アジア太平洋戦争の反省の欠如、いわゆる「慰安婦問題」の否定など)、③学校教科書の記述内容への介入(侵略戦争の評価、憲法や人権への消極的態度)、④ジェンダー平等の理念と政策への否定的対応、⑤選択的夫婦別姓制度に反対、⑥同性婚の否定、⑦家族の多様性の現実に向き合わない伝統的家族像への固執とそれを前提にした家庭教育の推進、⑧人工妊娠中絶を女性の権利として認めない、⑨LGBTQ+の権利保障法への否定・攻撃、⑩包括的性教育に対する無理解と否定的評価、⑪ジェンダー教育に対する無理解と否定的評価、⑫国際条約や国連の報告書に対する否定的評価、⑬核兵器禁止条約への後ろ向きの態度、などです。

政治的右派の〝不安シャワー〟と〝あいまい戦略〟

現在の政治的右派の動向と文脈を考えると、共通する手法が指摘できます。まず〝ウソも百遍いえば〟式の大量のフェイク情報をＳＮＳやYouTubeで流すことで〝不安シャワー〟を市民に振り撒きます。たとえば、トランプ前大統領による「大統領選は盗まれた！」＝選挙不正があったとの主張、ＬＧＢＴ教育は家庭崩壊に結びつく、トランスジェンダーの人権を認める法律が通れば「心は女だ」と主張する人を女湯に入れなければ法律違反になる……などのデマが意図的に流されるのです。

こうした情報を真に受けた人たちは、他の事実に基づいた情報に接することを拒否する傾向が強く、脳にインプットされた映像と言葉がフェイクであっても、ますます脳内で自己増殖して、まるでそれらの情報が唯一の真実かのように思い込んでしまうのです。

右派の「問題提起」のあり方は、事実からかけ離れた〝あいまいな（確かでない）〟論点だが、イメージしやすい場面設定をすることで、恐怖を生み出し、攻撃のレトリック（直感的に伝えるテクニック）を駆使する特徴があります。「社会が解体（混乱）する」「社会の分断を招く」「訴訟が乱発される」「家庭が破壊される」「男性が女性のスポーツ競技に出て金メダルをとれるようになる」「性犯罪のリスクが高まる」……などの荒唐《こうとう》無稽《むけい》な議論を乱発するのが常套手段です。社会言語の研究者のルート・ヴォダックはこうした「政治文化の新しい特徴を『恥知らずな常態化』[7]と呼ぶことを提起しています。

こうした「恥知らずな常態化」戦術に対して、運動的に対峙するうえで「五つのＣ」の対抗戦略を提案しておきます。すなわち、①Choice（理論的に検討した選択肢の提起）、②Comprehensive（包括的な見方・考え方を持つ)、③Claim(正当だと申し立てる。権利を主張できる)、④Care(関心を持ちつづける)、⑤Change(変化をつくる)の視点と、それに基づく具体的取り組みです。

(浅井春夫)

(7) ルート・ヴォダック『右翼ポピュリズムのディスコース[第2版]』石部尚登訳、明石書店、2023年、3ページ「日本語版への序論」。

Q08 日本において子どもや保護者が性教育に何を望んでいるのかについての調査はありますか。あればその内容を紹介してください。

文部科学省にはデータなし

性教育において、保護者や子どもたちが何を教えてほしいのかというニーズと、どのような性の実態があるのかをつかむための調査は必要不可欠です。その把握がなければ、子どもたちの知る権利を保障した教育カリキュラムの作成はできません。ところが、教育行政の責任を負う文部科学省には、そのような全国調査はこれまで存在しません。信じられない不作為ですが、この点は後で論じることにして、現在のところ、子どもや保護者が性教育に望むことについて知る方法は、結果的に民間調査しかありません。そのいくつかを紹介します。

民間調査から

２０２１年７月実施の日本財団18歳意識調査「第39回　性行為」（全国の17〜19歳男女１０００人対象）では、「学校の性教育でもっと深めてほしかった内容」として、「恋愛や健康な性的関係に関する知識」（40・９％）が最多となっています。以下は「性的反応の仕組みや性行為（セックス）に関する知識」（37・６％）、「ジェンダー平等に関する知識」（37・１％）、「性的虐待やデートレイプなど性にまつわる暴力やからだの保全に関する知識」（31・６％）、「性的行動における意思決定、拒否方法などに関する知識」（31・５％）が上位に挙がっています。学校での性教育は、58・５％の人が「役に立った」と回答していますが、「抽象度が高いと思う」は65・６％、「避妊方法を具体的に知りたかった」は58・１％、「現在抱える問題や悩みに適合していない」は52・１％、「知っていることばかりだった」は47・５％、「性についてネガティブな印象を受けた」は38・２％が上位に入っています。

２０２１年１月実施のプラン・ユースグループ調査（15〜19歳男女１０５０人対象）では、「ジェンダーの多様性、ＬＧＢＴＩＱ＋」51・４％、「安全な避妊方法について（例：コンドームや緊急避妊薬）」49・５％、「性感染症とその予防について」46・５％、「恋人との良い人間関係の築き方」43・２％の順となっています。

日本性教育協会による「青少年の性行動全国調査」は、１９７４年から６年ごとに継続しておこなわれてきた継続性があり総合的な内容です。最新である第８回（２０１７年実施、中・高・大学生男女１万２９２５人対象）では、大学生は「恋愛」男子20・２％／女子20・９％、「男女の心の違い」男子17・７％／女子20・６％、「セックス（性交）」男子14・４％／女子15・０％、「性的マイノリティ」男子

11・8％／女子18・3％となっています。

保護者を対象とする調査では、2023年実施の「テラコヤプラス by Ameba」の「LGBT・性の多様性教育」調査（小学生の保護者500人対象）があります。約9割の保護者が、小学生にも「性の多様性教育は必要である」と回答していますが、64％が子どもに話したことはなく、その理由では、最多が「年齢的に理解できない（まだその時期ではない）と思ったから」（39・7％）、次に「（知識不足で）どのように説明すればいいかわからないから」（37・8％）となっています。

これらの結果は、いずれも包括的性教育の示す方向に合致し、その早期実施を促す内容になっています。

文部科学省に求められること

『国際セクシュアリティ教育ガイダンス』は、カリキュラム編成において「課題主義」を推奨しています。それは、子どもの権利としての発達要求や学習ニーズに依拠した性教育実践です。しかし、文部科学省にその根拠となるデータがないということは、知る権利を保障せずに、生殖、月経、射精、避妊などを各学年別に割り当てる学習指導要領のような「テーマ主義」におちいらざるをえません。しかも、現在の学習指導要領にはセックス（性交）を扱わないとする「はどめ規定」が設けられ、性教育実践を管理・統制しています。いま文部科学省に求められるのは、子どもの知る権利の実現として、実態調査に基づくニーズや実態を反映した実践の創意工夫を支援する改善です。

（関口久志）

参考文献
関口久志「テーマ主義と課題主義」『季刊セクシュアリティ』103号、2021年、146ページ。

Q09 包括的性教育をすすめていくうえで、学校内での合意づくりや保護者、性教育に関連する団体、地域社会との連携・協同について、どのような点に留意したらよいでしょうか。

性教育にかぎらず、教育の仕事とは子どもの豊かな成長発達、人格の完成をめざしておこなわれるもので、その目的のために教師だけでなく保護者も地域社会の人たちも、それぞれ力を出しあって子どもたちの成長を支えていくことが重要だと思います。

性教育の難しさは、性が一人ひとりの生き方や価値観、あるいはプライバシーや人権と深くかかわっているところにあります。しかもその教育の歴史の浅さから、教師も保護者も深く性を学んだ経験に乏しく、自信をもって子どもたちに語る力を十分にもっていない実態があります。そうしたなかで教師は、自主研修につとめ、それを教師集団として共有[8]する努力をするわけですが、その学びを保護者とも共有する、また学習プランを事前に示しつつ、授業などできるだけ公開し、意見を聴いたり懇談会を開いたりしながら、合意をつくりだしていく機会をもつようにしたいものです。一教師として、学年として、できれば学校として。そうした取り組みを通して、子どもと長い生活時間をすごす保護者に、共同教育者の自覚を持ってもらうよう働きかけていけるといいですね。実は、そのことを保護者も望んでいるのです。性をめぐる状況が激しく変化する時代をどう受けとめたらいいのか、そして、子どもとどう対応していいのか困っているのですから。

それから、もうひとつ大きな役割を担っているものに、地域の福祉、保健、医療などにかかわる機関と、そこで仕事をする人たちとの連携という課題があります。これまで学校というところは、学外の人たちが入りにくい、というか入ってくることを望まない、いわば閉鎖的な傾向が強いところでした。保護者にとっても敷居の高いところと思われるきらいがありました。時代の変化のもとで、そうしたあり方が問いなおされつつありますが、それはとてもよいことです。とくに性と健康という問題に関していえば、地域の保健センターや医療機関と連携する意味は大きいものがあります。専門の立場からの講義やアドバイスはもとより、悩み相談や情報提供など、いわばある種の匿名性が確保された関係のもとでおこなわれるサービス活動は、これからますます重視されるべきです。

さらに、医療機関での診療に通ずる情報提供がスムースにおこなわれることで、子どもたちの安心の度は増していくものと思われます。また、子どもたちの安全を脅かすものは何か、どう防ぐか、防いでくれるのかなど、警察の活動について知ることも有意義なことだと思いますし、民間のグループや当事者を含むＮＰＯ、ＮＧＯの諸活動に関心を広げることも大切です。

いまや、家庭や学校という枠の中だけで、子どもの豊かな成長を支えることは不可能になってきています。家庭、学校、地域社会の大人たちが情報を交換しあい、子どもたちが安心して学び育つために、どのような協同の取り組みが必要で可能なのか、議論とともに実践に踏みだす段階を迎えました。

（村瀬幸浩／性教育研究者）

(8) 性教育をすすめるうえで教師間の意見、考え方の違いが協同の取り組みを妨げるという問題が出されることがある。もちろん一人ひとり性に関する考え方や感性は異なっていて当然であり、それを一致させることなど不可能である。大切なのは個人の生き方を共通化することではなく（話し合うことは教師の相互理解のうえで価値あることだが）、性の考え方や両性のあり方を憲法、教育基本法、女性差別撤廃条約、男女共同参画基本法、子どもの権利条約などなど国際法、国内法の考え方・精神にそってとりあげ論議していくことである。保護者との話し合いに当たっても、それぞれの家庭の事情や学校の事情、考え方など十分交流し、共感を生み出しながら性教育のあり方について深めていくことが望まれる。

Q10 包括的性教育を日本でも広く学校教育や学校外教育に根づかせていくには、どのようなことに取り組む必要があるでしょうか。

この本を読み進めてきたみなさんには、さまざまなバッシングの背景や現状、子ども・若者の性をめぐる現実、日本の性教育の置かれている現状、そして包括的性教育とはどんな内容なのか等々を、いままで以上にご理解いただけたことと思います。

次なる課題は、「日本のすべての子どもたち、若者たち、すべての人たちが、学校教育や学校外教育で包括的性教育を受けられるようにする」というゴールに向かって進むべき道を示すことです。

それぞれの立場で包括的性教育を実践しつづける、包括的性教育を広くアピールし、その必要性に共感する人を増やしていく、それらは当然必要なことです。しかし、教育内容そのものを変えていくわけですから、それだけではとてもゴールには行きつかないはずです。

では、どこから手をつければいいのか？　包括的性教育の実施を望む人や団体が集まり、着目したのは法律をつくることです。法治国家である日本において、まずは「包括的性教育を推進していくための法律の制定」をめざす運動をスタートしようとなったのです。本書が出版されるころには、「包括的性教育推進法の制定をめざすネットワーク」の立ち上げ集会も終わり、賛同署名もはじまり、包括的性教育を実施していくための歩みがはじまっているはずです。

２０２３年は、２００３年に七生養護学校で起きた性教育バッシングから20年、「こころとからだの裁判」判決から10年の節目の年でした。そこで、七生事件の原告団のみなさんと性教協メンバーがタッグを組み、多くの方に共同代表となっていただき「包括的性教育推進法の制定をめざすネットワーク」結成のための準備を進めてきました。七生でおこなわれてきた性教育は、子どもたちの現実から出発し、それぞれの実態に応じた、一人ひとりが幸せになるための性教育、まさに包括的性教育だったのです。教職員間での率直な意見交換のもとに、さまざま工夫を凝らした教材教具の作成、実践の積み上げがおこなわれたのです。まさにそこをねらい撃ちにした攻撃でした。二度とあってはならないことではありますが、社会の中で合意形成のできていない部分をねらい撃ちしてくる手法は、現在のトランスジェンダーバッシングを見てもわかるように、右派勢力の常套手段です。

すでに、包括的性教育そのものへの根拠なき攻撃もはじまっています。ましてや今回のネットワーク結成にあたっては、今後それなりの攻撃が予想されます。しかし、いま社会に起きているさまざまな性加害、性虐待、ジェンダー差別等々に象徴される人権を著しく侵害するできごとこそ、包括的性教育の必要性を示しているはずです。

ひとりでも多くの人のウェルビーイング実現のために、いままで以上に広範な方たちとつながり、合意形成をしながら、この法律制定に向かって進んでいくことが求められているのです。子どもたちは知りたがっています。自分のからだやこころの変化、友だちとの関係性、みずからのセクシュアリティ等々について。でも、だれも教えてくれず、情報の渦の中に放置されているのです。そんな状況を変えるためにも、包括的性教育の学びを確実に届けることが必要です。

この運動を進めていくには、ゴールにはすぐに到達しないという覚悟も必要だと思います。また、「推進法」がたとえ制定されたとしても、課題はたくさんあるはずです。学習指導要領の改訂、教員養成、保育士養成課程の中で包括的性教育を必修にすること、現場の教員研修、スキルアップ等々。それらの課題への展望を示していくことも求められています。

何より、いまを生きている大人たちの学び直しも必要です。まさに、私たち自身が学びつづけながら行動していかなくてはならないのです。包括的性教育を望む世論を盛り上げ、多くの人とゆるやかにつながりながら進んでいけたらと思います。

（星野恵／性教協代表幹事）

性感染症についての相談

セックス後、外陰部が痛い、おりものが臭う・色がいつもと違う、ペニスの先から膿が出るなどの症状は性感染症の可能性があります。症状がある場合は医療機関を受診しましょう。また無症状でも、セックスのときにコンドームを使用しない、使ったけど途中でずれた・破れた場合はかかっているかもしれません。各自治体の保健所では匿名かつ無料でHIVや梅毒などの性感染症の検査を受けられます。自分が住んでいる自治体以外でも可能です。保健所は検査のみのため、治療が必要な場合は病院受診が必要です。

対面での相談先：各自治体の保健所・婦人科（産婦人科）・泌尿器科・皮膚科
HIVについての相談先の検索サイト：HIV検査・相談マップ(厚生労働省科学研究費補助金エイズ対策研究事業）URL：https://www.hivkensa.com/

妊娠に関する相談

妊娠したかどうかを調べる場合は婦人科受診をおすすめします。妊娠したかもしれない、妊娠検査薬で陽性となりどうしていいのかわからない、婦人科に行くかどうか迷っている、など、妊娠に関する不安、困りごとは以下で相談できます。

対面での相談先：婦人科（産婦人科）
電話・LINE・メールなどでの相談先検索サイト：にんしんSOS（一般社団法人全国妊娠SOSネットワーク） URL：https://zenninnet-sos.org/
LINEのチャットボット相談：ピルコンにんしんカモ相談（NPO法人ピルコン）URL：https://pilcon.org/help-line/contact/ninshin-kamo

からだの形、変化についての相談

からだの変化、体型などについての悩みを持っている子ども・若者は少なくありません。身近なところでは学校の養護教諭や小児科で相談できます。思春期以降の性器に関することは、婦人科、泌尿器科を受診してください。

対面での相談先：学校の養護教諭（保健室の先生）・婦人科（産婦人科）・泌尿器科

生理に関する相談

生理痛、PMS（月経前症候群）、生理不順、生理を何かのイベントとずらしたいときなどは婦人科に相談しましょう。子ども・若者の生理に関する相談の場合、基本的には内診（器具を用いて膣の中をみる診察）はしません。鎮痛薬や低用量ピルの処方も受けられます。

対面での相談先：婦人科（産婦人科）

ペニス、射精に関する相談

ペニスの大きさや形、包茎の悩み、射精に関する悩みは泌尿器科を受診してください。美容外科の受診は、高額な費用を請求や、健康被害が問題になっているため、おすすめしません。

対面での相談先：泌尿器科

ネット上での性的なトラブル、リベンジポルノ

性的な画像をだれかに送ったところ、それを使って脅された、盗撮被害にあった、性的な画像を拡散された等の場合には警察や専門機関へ相談することをおすすめします。

対面での相談：警察署
電話・メールでの相談：ぱっぷす（特定非営利法人ぱっぷす）
URL：https://www.paps.jp/
フォームを使っての削除依頼の相談：セーフライン（一般社団法人セーファーインターネット協会）URL：https://www.safe-line.jp/

LGBTQ+に関する相談

LINEでできる相談先一覧が紹介されているサイト：一般社団法人にじーず
https://24zzz-lgbt.com/blog/line/

思春期全般の相談

上記に当てはまるものでも、当てはまらないものでも、思春期の困りごと全般の相談先もあります。

LINEでの相談：思春期・FPホットライン（一般社団法人日本家族計画協会）
URL：https://www.jfpa.or.jp/puberty/telephone/

（作成：アクロストン）

性暴力

性暴力を受けた場合、からだ、こころ、司法に関する相談事が発生することがあります。相談するということ自体が怖くなってしまうこともありますが、抱え込まずに相談することをおすすめします。

受診・警察への届け・心のケアなどについてまとめて電話相談できるところ：
性犯罪・性暴力被害者のためのワンストップ支援センター（内閣府）
※最寄りの支援センターにつながります。産婦人科、カウンセラー、法律相談などの専門機関と連携しています。
電話番号：#8891（全国共通短縮番号）
URL：https://www.gender.go.jp/policy/no_violence/seibouryoku/consult.html

警察への電話相談：都道府県の性犯罪被害相談（警察庁）
電話をかけた地域を管轄する警察の窓口につながります。
電話番号：#8103（全国共通短縮番号、通話無料、24時間相談可能）

チャットでの相談：Cure time（内閣府） URL：https://curetime.jp/

対面での相談：交番、警察署で直接相談

デートDVに関する相談

恋人に同意なく性的行為をする、携帯電話の連絡先を自分以外すべて消す、行動を制限する、強制的におごらせるなどがデートDVです。つきあっている本人どうしでは解決することが難しい場合が多いので、専門機関に相談することをおすすめします。

電話、メール、チャットでの相談：DV相談プラス（内閣府）
URL：https://soudanplus.jp/
DV相談ナビ　電話番号：#8008（全国共通短縮番号）

執筆者一覧（50音順）

アクロストン　性教育コンテンツの制作・発信や講演をおこなう医師２人の夫婦ユニット。

井谷聡子（いたに・さとこ）関西大学文学部准教授（スポーツとジェンダー・セクシュアリティ研究）。

門下祐子（かどした・ゆうこ）東洋大学福祉社会開発研究センター客員研究員（特別支援教育），性教協幹事。

北仲千里（きたなか・ちさと）広島大学ハラスメント相談室准教授。

金ハリム（きむ・はりむ）任意団体セクソロジープロジェクト共同代表，NPO法人ピルコンフェロー。

草野洋美（くさの・ひろみ）公益財団法人ジョイセフ　シニア・アドボカシー・オフィサー。

鈴木秀洋（すずき・ひでひろ）日本大学大学院危機管理学研究科教授（行政法，DEI，こども，ジェンダー，災害弱者）。

関口久志（せきぐち・ひさし）元京都教育大学教員，性教協幹事。

立石結夏（たていし・ゆか）弁護士。新八重洲法律事務所所属。第一東京弁護士会・性の多様性理解促進PT座長。

土屋麻由美（つちや・まゆみ）助産師。麻の実助産所代表，認定NPO法人ピッコラーレ理事。

寺原真希子（てらはら・まきこ）弁護士。公益社団法人Marriage For All Japan代表理事。

時枝　穂（ときえだ・みのり）LGBT法連合会代表理事。

中村果南子（なかむら・かなこ）一般社団法人ちゃぶ台返し女子アクション。

能川元一（のがわ・もとかず）大学非常勤講師（哲学）。

野坂祐子（のさか・さちこ）大阪大学大学院人間科学研究科教授（発達臨床心理学）。臨床心理士・公認心理師。

橋本紀子（はしもと・のりこ）女子栄養大学名誉教授（教育学，ジェンダー・セクシュアリティと教育）。

福田和子（ふくだ・かずこ）SRHRアクティビスト，#なんでないのプロジェクト代表。

星野　恵（ほしの・めぐみ）元小学校教員，性教協代表幹事。

堀川修平（ほりかわ・しゅうへい）埼玉大学ほか非常勤講師（教育学），性教協幹事。

三浦まり（みうら・まり）上智大学法学部教授（ジェンダーと政治，福祉国家論）。

村瀬幸浩（むらせ・ゆきひろ）性教育研究者。

渡辺大輔（わたなべ・だいすけ）埼玉大学基盤教育研究センター准教授（教育学），性教協幹事。

編者

浅 井 春 夫（あさい・はるお）立教大学名誉教授（児童福祉論，セクソロジー），一般社団法人“人間と性”教育研究協議会（性教協）代表幹事

遠藤まめた（えんどう・まめた）一般社団法人にじーず代表

染矢明日香（そめや・あすか）NPO法人ピルコン理事長，公認心理師

田代美江子（たしろ・みえこ）埼玉大学教育学部教授（ジェンダー教育学），性教協代表幹事

松 岡 宗 嗣（まつおか・そうし）一般社団法人fair代表理事

水 野 哲 夫（みずの・てつお）性教協代表幹事，『季刊セクシュアリティ』編集長

装幀　北田雄一郎
DTP　編集工房一生社

Q&A多様《たよう》な性《せい》・トランスジェンダー・包括的性教育《ほうかつてきせいきょういく》
——バッシングに立ちむかう74問

2023年12月15日　第1刷発行

定価はカバーに
表示してあります

編著者　浅井春夫・遠藤まめた・染矢明日香・
田代美江子・松岡宗嗣・水野哲夫

発行者　中川　進

〒113-0033　東京都文京区本郷2-27-16

発行所　株式会社　大　月　書　店

印刷　三晃印刷
製本　中永製本

電話（代表）03-3813-4651　FAX 03-3813-4656　振替00130-7-16387
http://www.otsukishoten.co.jp/

ISBN978-4-272-35062-9　C0036　Printed in Japan